Elogios a *Histórias que Inspiram*

"Não importa o que você faz, nem onde está em sua carreira, leia este livro agora mesmo. Prático, engraçado e verdadeiro, o novo livro da Kindra tem que estar em sua prateleira."

—Seth Godin, Autor Best-seller do *New York Times*
Autor de *Isso É Marketing*

"Storytelling é uma habilidade de negócios essencial. Deixa os dados mais envolventes e a comunicação mais eficaz. Em seu livro, Kindra Hall deixa o storytelling acessível a todos. Não é preciso ser um ótimo escritor para escrever ótimas histórias — só é necessário saber contar *Histórias que Inspiram*."

—Charles Duhigg, Autor Best-seller de *O Poder do Hábito*
e *Mais Rápido e Melhor*

"A história é a seguinte: seu negócio está em um estado atual, você compra o livro, o lê de uma sentada como eu, sua mente se expande, seu negócio melhora muito. Fim da cena. Muitas pessoas contam histórias, poucas são boas nisso e uma pode te ensinar a fazer isso. Esta é a história de Kindra e deste livro."

—Scott Stratten, Autor Best-seller Premiado
e Orador/Contador de Histórias do Hall Of Fame

"Sou seletivo com o que leio. Muito mais com livros de negócios. Mas a Kindra me fisgou na primeira página e não consegui mais parar. Esse é o poder de um storytelling magnífico. Se quiser inspirar seus clientes e sua equipe, criar uma visão que reverbere, e melhorar no marketing, *Histórias que Inspiram* é leitura essencial."

—Rand Fishkin, Fundador da Sparktoro

"Storytelling é uma forma de arte que hoje em dia muitas vezes fica perdida entre snippets, sound bites e copy cheias de buzzword. O que é uma pena, porque é por meio da história que nos conectamos desde o início da linguagem. Em *Histórias que Inspiram*, Kindra Hall tece belamente o argumento para as histórias com a melhor maneira de criar uma. É um conselho que todos os donos de negócios e influencers precisam entender."

—Mel Robbins, Autora do Best-seller
Internacional *O Poder dos 5 S*

"Oportuno, pessoal, intenso e poderoso, *Histórias que Inspiram* é uma leitura necessária para que seus negócios cresçam com o poder das histórias. Altamente recomendado!"

—Jay Baer, Fundador do Convince & Convert,
Coautor do *Talk Triggers*

"Em meu ramo, contar uma história pessoal é a essência da autenticidade, e prova de que o que eu faço e quem eu ajudo realmente obtêm resultados. As histórias contam uma jornada com a qual eu e minha equipe nos identificamos e fornecem uma maneira de nos conectar pessoalmente com nossos clientes."

—Autumn Calabrese, Empreendedora,
Especialista Fitness Em Nutrição

Histórias que Inspiram

Histórias que Inspiram

Como o Storytelling pode cativar consumidores, influenciar o público e transformar seus negócios

KINDRA HALL

ALTA BOOKS
E D I T O R A
Rio de Janeiro, 2021

Histórias que Inspiram
Copyright © 2021 da Starlin Alta Editora e Consultoria Eireli. ISBN: 978-85-5081-384-4

Translated from original Stories that Stick © 2019 by Kindra Hall, ISBN 9781400211937. This translation is published and sold by permission of HarperCollins Leadership, an imprint of HarperCollins Focus LLC., the owner of all rights to publish and sell the same. PORTUGUESE language edition published by Starlin Alta Editora e Consultoria Eireli, Copyright © 2021 by Starlin Alta Editora e Consultoria Eireli.

Todos os direitos estão reservados e protegidos por Lei. Nenhuma parte deste livro, sem autorização prévia por escrito da editora, poderá ser reproduzida ou transmitida. A violação dos Direitos Autorais é crime estabelecido na Lei nº 9.610/98 e com punição de acordo com o artigo 184 do Código Penal.

A editora não se responsabiliza pelo conteúdo da obra, formulada exclusivamente pelo(s) autor(es).

Marcas Registradas: Todos os termos mencionados e reconhecidos como Marca Registrada e/ou Comercial são de responsabilidade de seus proprietários. A editora informa não estar associada a nenhum produto e/ou fornecedor apresentado no livro.

Impresso no Brasil — 1ª Edição, 2021 — Edição revisada conforme o Acordo Ortográfico da Língua Portuguesa de 2009.

Produção Editorial	**Produtor Editorial**	**Marketing Editorial**	**Editor de Aquisição**
Editora Alta Books	Illysabelle Trajano	Lívia Carvalho	José Rugeri
	Thiê Alves	Gabriela Carvalho	j.rugeri@altabooks.com.br
Gerência Editorial		marketing@altabooks.com.br	
Anderson Vieira	**Assistente Editorial**		
	Thales Silva	**Coordenação de Eventos**	
Gerência Comercial		Viviane Paiva	
Daniele Fonseca		eventos@altabooks.com.br	

Equipe Editorial	**Equipe de Design**	**Equipe Comercial**	
Ian Verçosa	Larissa Lima	Daiana Costa	
Luana Goulart	Marcelli Ferreira	Daniel Leal	
Maria de Lourdes Borges	Paulo Gomes	Kaique Luiz	
Raquel Porto		Tairone Oliveira	
Rodrigo Dutra			

Tradução	**Revisão Gramatical**	**Diagramação**	**Capa**
Vivian Sbravatti	Samuri Prezzi	Luisa Maria Gomes	Paulo Gomes
	Fernanda Lutfi		
Copidesque			
Lívia Rosa			

Publique seu livro com a Alta Books. Para mais informações envie um e-mail para **autoria@altabooks.com.br**

Obra disponível para venda corporativa e/ou personalizada. Para mais informações, fale com **projetos@altabooks.com.br**

Erratas e arquivos de apoio: No site da editora relatamos, com a devida correção, qualquer erro encontrado em nossos livros, bem como disponibilizamos arquivos de apoio se aplicáveis à obra em questão.

Acesse o site **www.altabooks.com.br** e procure pelo título do livro desejado para ter acesso às erratas, aos arquivos de apoio e/ou a outros conteúdos aplicáveis à obra.

Suporte Técnico: A obra é comercializada na forma em que está, sem direito a suporte técnico ou orientação pessoal/exclusiva ao leitor.

A editora não se responsabiliza pela manutenção, atualização e idioma dos sites referidos pelos autores nesta obra.

Ouvidoria: ouvidoria@altabooks.com.br

Dados Internacionais de Catalogação na Publicação (CIP) de acordo com ISBD

H174h   Hall, Kindra

Histórias que Inspiram: como o storytelling pode cativar consumidores, influenciar o público e transformar seus negócios / Kindra Hall ; traduzido por Vivian Sbravatti. - Rio de Janeiro : Alta Books, 2021.
240 p. ; 16cm x 23cm.

Tradução de: Stories That Stick
Inclui apêndice.
ISBN: 978-85-5081-384-4

1. Storytelling. 2. Negócios. 3. Consumidores. I. Sbravatti, Vivian. II. Título.

2021-181   CDD 658.047
                        CDU 658.114.7

Elaborado por Vagner Rodolfo da Silva - CRB-8/9410

Rua Viúva Cláudio, 291 — Bairro Industrial do Jacaré
CEP: 20.970-031 — Rio de Janeiro (RJ)
Tels.: (21) 3278-8069 / 3278-8419
www.altabooks.com.br — altabooks@altabooks.com.br
www.facebook.com/altabooks — www.instagram.com/altabooks

Para quem se pergunta se tem alguma história para contar, se consegue contar ou se deveria contá-la, este livro é para você. E a resposta é sim, três vezes.

Agradecimentos

Acho que eu sempre soube que escreveria um livro algum dia... O que eu não sabia era quanto tempo, energia, esforço e sacrifício seriam necessários de uma equipe inteira para que a criação do livro fosse possível.

E começa com os mais jovens, meus doces filhinhos. Arn e Aune, obrigada por dividir a vida de vocês com este livro. Obrigada por esperar com tanta paciência quando eu precisava de apenas mais uns minutinhos para terminar um capítulo. Obrigada por me dar ideias de títulos e inventar capas. Obrigada por comemorar tão genuinamente quando o manuscrito ficou finalmente pronto. Obrigada por viajarem pelo país comigo para tirar este livro do papel, ficarem sem almoçar e por irem ao banheiro sozinhos quando a fila da pré-venda demorou horas. Obrigada por contarem aos seus professores, colegas de classe e pessoas aleatórias no aeroporto que sua mãe escreveu um livro e que eles deveriam comprar. Você são as melhores crianças de seis e sete anos que uma mãe, ou uma autora, poderia pedir.

Embora possa parecer estranho agradecer alguém cujo nome você não sabe, este livro não teria acontecido se não fossem pelas pessoas que assistiram às conferências onde tive a honra de me apresentar. Obrigada por ouvir, obrigada por fazer perguntas e compartilhar suas histórias, obrigada por me desafiar a modelar este storytelling que eu sempre soube usar em uma mensagem. Mesmo quando as luzes estavam muito claras e não conseguia ver seus rostos, conseguia sentir sua energia e não sei o que seria de mim sem vocês.

Agradecimentos

Para aqueles que leram a primeira versão do livro e me apoiaram, obrigada. Seu encorajamento foi tudo para mim naquele momento em que estava tão vulnerável. Admito — caí da cadeira algumas vezes por causa da animação, mas os hematomas valeram a pena.

Nunca me esquecerei da primeira vez que ouvi falar da Kathy Schneider, minha agente. Eu estava no aeroporto, no portão de entrada, ao telefone com Kate White, ex-editora-chefe da revista *Cosmopolitan*. Ela estava generosamente me dando algumas dicas de publicação de livros, pelas quais fico muito agradecida, e mencionou uma amiga que estava começando uma nova carreira de agente em uma agência que queria aumentar o repertório de livros de negócios. Alguns dias depois, estava ao telefone com a Kathy. Algumas semanas depois, me encontrei com ela em seu escritório. Minutos depois de me reunir com ela, soube que era quem eu queria. Obrigada por seu trabalho árduo e seu apoio emocional — isso de publicação de livros não é para os fracos! Tínhamos grandes objetivos, Kathy, e estou muito orgulhosa do que essas duas iniciantes conseguiram. Sou muito grata a vocês, Chris Prestia e Julianne Tinari, e a toda equipe JRA.

Muito obrigada a Dan Clements, que me ajudou a tirar as palavras da cabeça e colocar no papel pela primeira vez. Não tem nada pior do que ficar encarando uma página em branco, e você garantiu que as minhas estivessem cheias desde o início. À Beth Wand e Kristina Brune, muito obrigada por estarem comigo nesse momento decisivo. Quando os prazos eram apertados e o tempo limitado, vocês entraram de cabeça e estou muito grata.

Nunca me esquecerei da primeira vez que conversei com a minha editora, Jessica. É claro, ela ainda não era minha editora, estava me entrevistando para saber se seria uma boa ideia. A entrevista aconteceu por chamada de conferência. E eu estava suando, literal e figurativamente. Jessica não teve medo de fazer perguntas difíceis e me forçou a esclarecer o assunto deste livro e quem iria querer lê-lo. Quando a chamada acabou, desabei na cadeira, exausta. E eu sabia que, se a Jessica dissesse sim, este livro seria ótimo. Ela disse. E ele é ótimo. Com a Jessica veio toda a equipe da HarperCollins Leadership: Jeff, Amanda, Hiram, Sicily e muitos outros. Obrigada por acreditarem em mim e nessa mensagem e a transmitirem para o mundo.

Agradecimentos

À minha equipe interna — Tiffany, por me ajudar a contar minhas histórias diariamente no Instagram. À Meg, por compartilhar a notícia nas mídias sociais (e por me ajudar naquele dia maluco em que oferecemos pré-venda). E à Andrea, meu braço direito, obrigada por garantir que o resto dos meus negócios continuassem enquanto estava no modo autora.

Agradeço a meus amigos e familiares que me apoiaram, torceram por mim e me ouviram, mesmo quando não queriam. Não teria conseguido sem vocês.

Finalmente, a Michael. Este livro começou com você e termina com você. Como deveria. Te amo.

Sobre a Autora

Kindra Hall é palestrante e contadora de histórias premiada. Ela já foi publicada em Entrepreneur.com e Inc.com, e como editora-contribuinte na revista *Success*. Ela ministra palestras e trabalha com marcas de vários tamanhos para ajudá-las a explorar o poder do storytelling.

Nos bastidores, ela mora em Nova York com o marido e o casal de filhos pequenos. Ela é uma ávida praticante de Soul Cycle, prefere a janela em aviões e sempre bebe café frio.

Sumário

Introdução   xvii

O Poder Irresistível do Storytelling

1. O Vão nos Negócios e as Soluções que o Resolvem (e Não Resolvem)   3
2. Era Uma Vez um Cérebro   19
3. O Que Faz Com Que Uma História Seja Ótima   29

As Quatro Histórias Essenciais — O Contos Que Todo Negócio Precisa Contar

4. A História do Valor   53
5. A História Fundadora   79
6. A História do Propósito   109
7. A História do Consumidor   133

Crie Sua História — Encontrando, Criando e Contando Sua História

8. Encontrando Sua História   153
9. Lapidando Sua História   171
10. Contando Sua História   189

Conclusão   201
Apêndice   207
Notas   209

Introdução

Eslovênia, JFK e a História Que Sequestrou Meu Marido

Era um final de semana de Ação de Graças. A dez mil quilômetros de distância, as pessoas estavam comendo peru e purê de batatas, compartilhando pelo que estavam agradecidas e desmaiando nos sofás com o barulho do futebol americano ao fundo.

Eu não estava fazendo nada disso... porque estava na Eslovênia.

Vou ser sincera. "Estou na Eslovênia" não é algo que eu me imaginei falando — tirando aquela única vez quando conheci um jogador de futebol esloveno em uma viagem que fiz para o México e me convenci de que me casaria com ele. E ainda assim aconteceu. *Nós* estávamos lá. Meu marido, Michael (que não joga futebol), e eu estávamos passeando pelas pitorescas ruas de pedra levemente úmidas de Liubliana, capital da Eslovênia. E, ainda que tenhamos perdido a Ação de Graças, nos sentíamos muito agradecidos. Não somente pela cidade de conto de fadas em que tínhamos acabado de chegar...

Mas porque eu tinha acabado de ouvir uma das melhores histórias de vendas da minha vida.

Introdução

Antes de contar mais, acho que você deveria saber uma coisa. As histórias são minha vida. São meu trabalho, minha moeda, a maneira como vejo o mundo. Contei minha primeira história quando tinha onze anos. E, desde aquele dia, as histórias me seguiram, procuraram, e agora passo meus dias falando sobre como usar as histórias estrategicamente e ensinando outras pessoas a contar as histórias delas.

Na verdade, as histórias são o motivo de eu estar na Eslovênia. Fui convidada pelos Estados Unidos especificamente para falar a quase mil gerentes de marketing e branding, executivos de mídia e criadores de anúncios pelo Leste Europeu sobre o poder do storytelling nos negócios.

Então dá pra imaginar a ironia, ou ao menos a intriga, quando eu — a especialista em histórias — testemunhei a melhor história de todos os tempos.

Aconteceu no final da tarde daquele final de semana no fim de novembro. Embora os eslovenos não celebrem o dia de Ação de Graças, a cidade estava festiva e viva com a celebração do começo da temporada de férias com uma cerimônia anual de iluminação de árvores. Michael e eu andamos entre milhares de eslovenos curtindo vinho local, castanhas torradas em fogueiras dos vendedores de rua e mais vinho. O céu estava escuro, o ar estava úmido e friozinho, e as ruas brilhavam com as luzes quentes da decoração de Natal pendurada entre cada edifício. O som das cantigas de Natal ecoava do centro da cidade e as vitrines ao longo da rua cintilavam, nos chamando para entrar e explorar.

Bem, isso não é bem verdade. As vitrines *me* chamavam, não a *nós*. As vitrines não são atraentes para o Michael, porque ele não faz compras. Ele não gosta de olhar as vitrines, não compra online, não negocia, nem nada. Ele não compra quase nada. O elástico da cueca se desintegra antes que ele compre outra. Na verdade, pode ser que ele nem saia com carteira.

À medida que nossa viagem europeia acontecia, essa diferença fundamental em nossas preferências de compras se tornou uma conversa repetitiva:

Eu: Ah! Uma butique de um estilista local. Vamos dar uma olhada!
Michael: [Como se não tivesse me ouvido. Continua andando.]
Eu: Ah! Uma loja de tapetes local. Vamos dar uma olhada!
Michael: [Não me ouve. Continua andando.]

Introdução

Eu: Ah! Tudo naquela loja é feito de cortiça. Vamos dar uma olhada!
Michael: [Pega o celular, ainda que não funcione. Continua andando.]
Eu: Ah! Pão fresco!
Michael: [Respira fundo para sentir o cheiro de pão assado. Continua andando.]

Isso não me ofendeu por dois motivos. Um, estou acostumada. E dois, tínhamos trazido apenas duas malas de mão para essa viagem de uma semana. Nem mesmo o pão mais macio caberia na nossa bagagem, então não quis ficar brigando.

Até aquela noite. Até que eu vi... os sapatos.

Bem ali, em uma das vitrines gloriosamente iluminadas, estava um par de sapatos belíssimos.

Eles eram prateados. E cintilantes. *Brilhantes.* E talvez fosse o vinho (e a falta de pão), mas, naquele momento, não pude mais resistir. Antes que ele soubesse o que estava acontecendo, arrastei um Michael desavisado a uma butique luxuosa em uma rua de Liubliana.

Do lado de dentro, a loja era uma mistura eclética de produtos, de relógios e joias a arte e vestuário. Fui direto nos sapatos e deixei o Michael se virando perto das fragrâncias.

Para minha enorme decepção, de perto os sapatos eram atrozes. Ofuscantes. Imediatamente me senti culpada por abandonar Michael no primeiro brilho do glitter. Voltei correndo para a porta da loja, onde Michael estava tentando se esconder em uma torre rotativa de perfumes. Bem quando estava quase pegando ele e saindo para a segurança da rua de pedras, um vendedor esloveno muito ambicioso de vinte e poucos anos aparece, do nada, de trás do balcão de perfumes, a centímetros de onde o Michael estava, e o chama.

"Com licença, senhor. Estava procurando por um perfume?"

Ah, não, pensei. *Ah, Coitado desse menino...*

Michael definitivamente não estava procurando por um perfume. Não somente porque procurar implicaria em comprar — já falamos sobre isso —, mas porque Michael não usa colônia. Nunca. Ele não gosta. Ele só estava perto do balcão porque precisava de um lugar para ficar-barra-esconder.

E foi exatamente isso que eu tentei falar para o vendedor, mas pareceu que ele não se importou. Em vez disso, delicadamente pegou uma caixa listrada de azul-marinho e branco de uma prateleira do alto.

"Este é nosso best-seller", afirmou, seus dedos (excepcionalmente longos, percebi) gentilmente ao redor da caixa. Nos preparamos para sermos borrifados contra nossa vontade. Mas o vendedor nem abriu a caixa. Ele apenas colocou a caixa fechada no balcão de vidro e, com o sorriso de um homem que sabe o que está fazendo, começou.

Eight & Bob

"Este... é Eight & Bob."[1]

"Em 1937, um estudante universitário norte-americano jovem e bonito estava turistando pela Riviera francesa. Em seus 20 anos, tinha algo de especial. Todos os que o conheciam sentiam uma estrela em ascensão."

O jovem vendedor pausou para ver se estávamos escutando. Estávamos.

"Um dia, esse jovem estava passeando pela cidade quando encontrou um francês chamado Albert Fouquet, um aristocrata parisiense e perfumista.

É claro, o jovem não sabe disso. Tudo o que ele sabe é que o homem tem um cheiro *incrível*. Bastante charmoso, o ambicioso norte-americano convence Fouquet, que nunca vendia suas essências, a dividir uma pequena amostra de sua colônia irresistível."

Olhei para o Michael. Ele nem piscava.

"Como você pode imaginar, quando o jovem retornou aos Estados Unidos, outros também se encantaram pelo aroma e, se ele não era irresistível antes, agora certamente era. O jovem sabia que tinha algo importante em mãos, então escreveu para Fouquet, implorando que ele enviasse mais oito amostras 'e uma para o Bob.'"

Ainda que não tenha dito nada, o rosto de Michael perguntou o que o vendedor respondeu em seguida.

Introdução

"Sabe, o Bob era o irmão mais novo do jovem. E o jovem, bem, provavelmente você o conhece como John. Ou simplesmente J".

A voz do vendedor se calou antes do final da frase e Michael, como se tivesse descoberto o tesouro do pirata, sussurrou: "FK".

"Isso". O vendedor assentiu. "O jovem em questão era nada mais nada menos do que John F. Kennedy. E a amostra era para seu irmão, Robert".

Nesse momento, eu não participava mais da interação (se é que tinha participado), mas era expectadora. Embora quisesse saber como a história do Eight & Bob acabava, estava mais interessada na história que acontecia diante de meus olhos.

"Essa é a colônia de JFK"? Michael perguntou maravilhado.

"Com certeza, é sim". O vendedor continuou. "É claro, como você sabe, as relações internacionais nem sempre foram fáceis entre os Estados Unidos e a França. E, embora não seja nenhum especialista em história, sei que enviar frascos de colônia ficou cada vez mais difícil. Então, para proteger os últimos carregamentos dos nazistas, os últimos frascos foram escondidos..."

O vendedor pausou e olhou para Michael, cuja boca talvez estivesse aberta.

"Nos livros". Com essa dica, o vendedor abriu a caixa que havia tirado da prateleira há um tempo. Na caixa havia um livro. Ele abriu o livro. E lá, aninhada entre as páginas que haviam sido cortadas perfeitamente para encaixar seu conteúdo, estava um belíssimo frasco de cristal de colônia.

Naquele momento, Michael disse duas palavras que nunca havia visto ele usar antes.

"Vou levar."

Como uma História Muda Tudo

Nesse momento, uma coisa ficou clara para mim: meu marido tinha sido sequestrado e trocado por um impostor. Um alien comprador de colônias. Uma colônia, para ficar claro, que Michael nunca havia sequer cheirado.

Introdução

É verdade, eu sei bem. Não há nada de alien no que aconteceu com Michael naquela loja eslovena. Na verdade, sua resposta para os esforços do vendedor foi a coisa mais humana que poderia acontecer.

Porque mais forte do que o desejo de um homem de manter sua carteira fechada... Mais charmoso do que o JFK...

É o poder irresistível de uma história. Um história perfeitamente alocada, e impecavelmente contada, pode transportar uma pessoa para um lugar além de um prestar atenção atento e interessado, um estado de cativação completo. O tipo "impossível não olhar". O "ah, droga, perdi a entrada". Nesses momentos da história, estamos, como meu marido, arrebatados de tal forma que nos sentimos quase além de nosso controle.

Há uma razão para nos sentirmos assim. Como veremos, quando falamos de uma ótima história, não podemos evitar. A partir do momento em que o vendedor daquela butique começou a contar a história da Eight & Bob, houve uma mudança em nós: uma mudança em nossa compreensão, uma mudança em nossos desejos.

Essa é a mudança que tantos de nós procuramos. Muito além de comprar um frasco de colônia, a mudança que uma história pode fazer tem um impacto profundo nos negócios. Transforma os clientes em convertidos. Transforma empregados em evangelistas. Executivos em líderes. Muda a natureza e o impacto do marketing e, talvez mais importante, muda a maneira como nos enxergamos.

Como essa mudança acontece e como você pode criá-la ao explorar o poder do storytelling são o assunto deste livro.

Como quis o destino, o único frasco de Eight & Bob na butique aquela noite era a amostra que vimos na prateleira. Não pudemos nem comprar. Em sua ânsia para nos contar a história, o vendedor não viu se tinha em estoque. Mas nossa inabilidade de trazer um frasco para casa não diminuiu nem um pouco o entusiasmo de Michael. Na verdade, aumentou.

Introdução

Meu tipicamente equilibrado marido estava inesperadamente e extremamente animado. Quando saímos da butique e eu procurava o próximo lugar para bebermos vinho, Michael falava e gesticulava com o fervor de um europeu acalorado. Ele estava maravilhado com a embalagem do produto, perfeitamente alinhada com a história. Ele imaginava o aroma raro passando sorrateiramente pelos nazistas, chegando, talvez em segredo, na Casa Branca. Livros de mistérios contendo frascos de colônia escondidos algum dia em cima da mesa do presidente dos Estados Unidos.

"Deveríamos tentar obter os direitos de distribuição para a América do Norte", ele disse. "Aquilo é incrível. Todo mundo deveria conhecer".

Lembre-se: nem sequer uma vez falamos sobre o aroma da colônia. Não importava. Quando retornamos ao hotel aquela noite, decidimos voltar à loja no dia seguinte para o caso de ter chegado um carregamento antes que pegássemos nosso voo de volta para casa.

Quando chegamos na manhã seguinte, o vendedor que havia nos atendido na noite anterior não estava. Em seu lugar, uma mulher de meia idade explicou que ainda não tinham Eight & Bob.

Fiquei curiosa. "Pode nos contar alguma coisa sobre a colônia?"

"Vejamos," ela ponderou. "Há cinco aromas diferentes na linha do produto. Hã", com dificuldade, "eles usam plantas exclusivas da, hum, França. Parece que é muito popular. A embalagem é legal". E ficou sem mais assunto. Foi isso.

A diferença entre as duas experiências foi chocante. Como se no dia anterior tivéssemos nos deparado com uma butique cheia de mágicos que da noite para o dia tivesse se transformado em uma loja de posto de gasolina.

Chocante. Mas não incomum. No meu trabalho, vejo essa tragédia diariamente. Times de vendas com dificuldade para comunicar a fascinante história da solução que representam. Agentes que perdem o rumo tentando engajar clientes em potencial com eficácia. Empresas cujas culturas esmaecem em vez de prosperar porque seus líderes não conseguem articular as histórias do porquê fazem o que fazem.

Introdução

A boa notícia é que não é necessário um feitiço para resolver o problema. Nas páginas que seguem, descobriremos como o storytelling tem o poder de mudar como todos no negócio pensam, sentem e se comportam. E como você pode usar esse poder.

E, apesar de recomendar Liubliana nas férias, não é necessário viajar para a Eslovênia.

PARTE UM

O Poder Irresistível do Storytelling

CAPÍTULO UM

O Vão nos Negócios e as Soluções que o Resolvem (e Não Resolvem)

A menor distância entre um ser humano e a verdade é uma história.

—Anthony de Mello

O menino mais bonitinho do Ensino Médio era Andy K. Na verdade, ele era o mais bonitinho desde o terceiro ano. Ninguém sabia bem porquê. Talvez por ter nascido em maio, seus pais esperaram para colocá-lo na escola somente no outono seguinte, por isso ele era o mais velho. Ou talvez porque ele fosse um atleta incrível. Ou simplesmente porque parecia um pouco desinteressado de tudo.

Seja lá qual fosse o motivo, ele se mostrou numa tarde de outono do meu primeiro ano, quando Andy se ofereceu para dividir um refrigerante de uva comigo, meu destino no Ensino Médio foi selado. Andy achava que eu era legal, o que significava que todo mundo também tinha que me achar legal.

Isso foi em 1994. A aceitação social era medida daquela maneira, pelas coisas que você dividia com os outros. Colares de coração divididos em dois para melhores amigos, latas de refrigerante e o outro destaque: chicletes Extra. Lembro que eu nunca saía de casa sem um pacote verde neon de chiclete Extra (30 chicletes embalados individualmente por uma tira de papel branco). Dava para pegar um chiclete de cada vez do pacote, deixando um pequeno espaço que indicava onde cada um esteve. Era perfeito para dividir com amigos e meninos fora de série.

Cada pacote vazio era um símbolo de moeda social.

Aparentemente, eu não era a única devotada aos chicletes Extra. Essa marca da Wrigley ficou no topo do display de gomas de mascar para refrescar o hálito durante anos. Vai passar no caixa do mercado? Pegue um pacote de Extra. Tem uma consulta com o dentista? Não se esqueça do Extra. Era a marca mais usada e dominou o mercado até que, de repente... não dominava mais.

Em 2013, quase 20 anos depois do meu primeiro ano do Ensino Médio quando eu não pensava em comprar nada *a não ser* chicletes Extra, a marca icônica caiu para a terceira posição. Mesmo eu, que já fui leal à marca, quando olhava as opções de chicletes, nem reparava no Extra.

Antes de começar a se sentir mal pelo Extra, e principalmente antes de começar a pensar que foi culpa deles mesmos — que devem ter cometido um erro absurdamente óbvio, infeliz e inevitável — quero deixar claro: esse é o principal problema em negócios. Não só para o Extra. Não só para os produtos que ficam na prateleira. É um problema em *todos* os negócios.

No fim das contas, o que o Extra estava enfrentando, o que todos os negócios enfrentam, era transpor um vão.

O Vão em Seu Negócio

O objetivo de um negócio é, de maneira lucrativa, entregar valor às pessoas, levar um produto ou serviço do ponto A (o negócio) ao ponto B (as pessoas que o utilizarão). É isso. Há infinitas maneiras de atingir esse objetivo, é claro, mas o objetivo geral é bem simples.

O Vão nos Negócios e as Soluções que o Resolvem (e Não Resolvem)

Simples, mas não fácil. Nenhum objetivo que valha a pena atingir está livre de obstáculos e nos negócios há diversos deles. Como você convence as pessoas a comprarem? A investirem? Como atrai talentos? Os mantém? Como você convence um departamento a trabalhar com celeridade em uma questão que só é relevante a outro departamento? Como convence um superior a comprar uma ideia? Reúne pareceres diretos com relação a uma iniciativa específica? Como faz com que os fornecedores entreguem no prazo?

Não importa o seu caminho, em cada quarteirão e de todos os ângulos, sempre haverá obstáculos. Na verdade, ultrapassá-los é o que define um negócio bem-sucedido.

Acredito ser mais útil, no entanto, pensar nesses obstáculos não como bloqueios desanimadores e imutáveis, mas como vãos. É o espaço vazio entre o que você quer e onde você está. O vão.

O vão mais óbvio nos negócios é o espaço vazio entre o cliente e a empresa. Como uma empresa faz com que seu produto ou serviço chegue às mãos de quem precisa? Quando está na fila do caixa do mercado e se depara com vinte opções diferentes de chiclete, como o Extra faz para que você o escolha?

Mas, apesar do vão de vendas ser importante, há outros por todos os lados nos negócios. Há vãos entre empresários e potenciais investidores, entre agentes de recrutamento e futuros funcionários, entre gerentes e colaboradores, entre líderes e executivos.

Para que um negócio funcione, é necessário transpor os vãos.

Mais importante ainda, quem transpor da melhor forma esses vãos, vence. Se puder vender melhor, ter um argumento de venda melhor, recrutar melhor, construir melhor, criar melhor, se conectar melhor — você vence.

Transponha esses vãos, vença o jogo.

É claro que, para isso, é necessário *construir* a ponte.

E é aí que tudo começa a desmoronar.

Ideias Ruins, Pontes Frágeis

Independentemente do tipo de vão que possui nos negócios, é preciso dominar três elementos principais para ter alguma esperança de construir uma ponte forte o suficiente para alcançar o público pretendido — clientes em potencial, membros-chave da equipe, investidores etc. —, utilizando a importante divisão: atenção, influência e transformação.

Primeiro, e mais importante, as melhores pontes devem capturar a atenção e cativar o público, para que, primeiramente, eles saibam que há uma ponte. O segundo elemento, influência, é o meio pelo qual você compele o público a tomar a ação que deseja. E terceiro, para que não tenha que continuar construindo as mesmas pontes várias e várias vezes, as melhores pontes transformam o público, criando um impacto duradouro para que eles nem considerem mais voltar para o outro lado da ponte, fechando assim o vão para sempre.

Bem fácil de entender, né?

O problema — a tragédia, na verdade — é que, apesar de nossos melhores esforços e intenções, somos muito ruins em construir pontes. Focamos somente um dos elementos, talvez dois, mas raramente nos três. Falamos *para* as pessoas, em vez de nos envolvermos *com* elas. Nos prendemos a um padrão do que é mais fácil ou rápido e, como resultado, nossas pontes são precárias, inconsistentes e, algumas vezes, extremamente malfeitas. Mas, como essas soluções padrão são tão prevalentes, nos convencemos de que são suficientes.

Pense em todos os rostos de corretores imobiliários que já viu em pontos de ônibus ou todos os anúncios pop-up que instintivamente fechou ou as horas de comercial que pulou. Por um momento, lá em 2016, quando a loucura do *Star Wars* estava a toda de novo, um rapaz ficava em pé do lado de fora de um salão de cabeleireiros vestido de Darth Vader, segurando um secador como forma de levar as pessoas a cortarem o cabelo. O que o Darth Vader tem a ver com um salão de cabeleireiro? É difícil imaginar, já que o rapaz sempre usava capacete, mas ainda assim lá estava ele.

Ou considere a vendedora em frente a um grupo de tomadores de decisão que começa seus argumentos de venda equipada com um clicker que vira um laser. A vendedora se sente bastante confiante. Afinal de contas, ela não passou menos de 6 horas abarrotando 89 slides com cada recurso, benefício, porcentagem e decimais para uma apresentação de 20 minutos. Quero dizer, as pessoas da sala não conseguirão ler nada disso na tela — está muito pequeno e desorganizado —, mas isso não importa, porque a vendedora planeja ler *para* eles o que está na tela. Quem poderia dizer não para *aquilo*!?

Por favor. Essa ponte não é boa e quem lhe disser que é, está mentindo.

Vamos considerar as pontes que tentamos criar internamente — a que era para criar uma cultura saudável na empresa. Talvez você trabalhe para uma empresa que esteja comprometida com sua missão e cultura, o que é ótimo. A cultura é ensinada por um manual. E os líderes na empresa frequentemente enviam e-mails ou newsletters ou falam de palanques usando as palavras da missão. Talvez esteja impressa em canecas. Mas alguém *sente* algo em relação a isso? Eles conhecem as palavras, mas sentem internamente? Modela suas decisões e cria um senso profundo de comprometimento?

Poderia. Mas, infelizmente, a maioria das empresas e líderes aceitou a mentira de que repetir a missão é uma ponte adequada para conectar e motivar as equipes. A verdade é que basta uma leve brisa — um aumento mínimo de salário ou um benefício prometido por outra empresa — e, como diz a canção infantil sobre um vão em Londres, a ponte vai cair.

Dito isso, sinto que é justo mencionar que, sim, *é* possível construir uma ponte sem todos os três elementos essenciais — atenção, influência e transformação. E *é* possível usar materiais baratos e blueprints projetados para gratificação instantânea versus crescimento duradouro. Por exemplo, confesso, amo anúncios do Instagram com fotos de roupas bonitas de ginástica. Geralmente clico no anúncio e, às vezes, até compro. Mas, quando as pessoas me perguntam sobre meus hobbies, tenho que mencionar que um deles é levar objetos para uma unidade UPS para devolver, porque devolvo 90% das compras feitas pelo Instagram.

Duvido que seja isso que você quer.

Duvido que esteja investindo em marketing apenas para que seus produtos sejam devolvidos ou esquecidos. Ou que goste de criar promoções constantes em feriados aleatórios. Ou apresentar argumentos de venda que não fecham. Ou falar com funcionários que não o escutam. Ou criar posts em mídias sociais nos quais ninguém vai clicar. Ou promover concursos aleatórios para atingir objetivos arbitrários. Duvido que contrate, treine e incentive os melhores talentos apenas para que eles procurem qualquer outro lugar assim que você retirar a recompensa ou oferecer uma recompensa um pouquinho menor.

Se surgirem espaços vazios em seu negócio ou em seu caminho para o sucesso que parecem impossíveis de ultrapassar, há uma boa chance de o problema estar no elemento que está usando, ou não, para construir suas pontes.

A pergunta é: O que funciona? Se nenhuma dessas táticas funcionam, o que funciona? Tem alguma maneira de capturar atenção, influenciar e transformar o público simultaneamente? Como construir pontes que perdurem e fechem os vãos de uma vez por todas?

Essa era a pergunta que o Extra estava desesperado para responder.

A Solução da Construção de Pontes

Com as vendas em decréscimo contínuo e o outrora título de rei do chiclete não sendo mais um alicerce firme, o Extra teve que fazer algo. Em um primeiro momento, fizeram o que qualquer um faria: voltaram para o básico. Voltaram ao que funcionava durante os dias de glória do chiclete Extra. Duplicaram a característica pela qual eram conhecidos: sabor de longa duração. Não havia um sitcom nos anos 1980 que não mostrasse um comercial com pessoas sorridentes tendo a melhor vida possível enquanto mascavam o mesmo chiclete cheio de sabor por, imaginamos, semanas a fio.

Sabor de longa duração! Essa obviamente era a resposta. Então a equipe do chiclete Extra criou mais mensagens sobre como o Extra era extra. O resultado foi péssimo. Primeiro, recebeu pouca ou nenhuma atenção (uma busca no YouTube por algum desses comerciais o deixará de mãos vazias) e ainda menos influência. As vendas ainda despencavam.

O vão ainda persistia. Quando chegava aquele momento crítico, que durava menos de dois segundos no corredor do mercado quando os consumidores poderiam escolher o chiclete Extra, isso não acontecia. Determinado, o Extra buscou respostas. Contrataram uma empresa de pesquisas para descobrir por que as pessoas compravam chicletes e quando a decisão de compra acontecia.

Os resultados foram fascinantes. Eles descobriram que 95% das decisões são tomadas inconscientemente, sem que o consumidor note.[1] Isso significava que, para vencer o vão quando o comprador-zumbi buscasse uma solução para deixar o hálito mais fresco, o Extra tinha que, de alguma forma, se embrenhar nas profundezas da psiquê humana. Eles tinham que existir naquele lugar especial, onde a lógica não tem importância. Um lugar onde a compra do chiclete fosse mais do que simplesmente comprar chiclete, que estivesse conectada à experiência humana.

Essencialmente, o Extra precisava fazer os consumidores atravessarem a ponte.

Mas como? Isso seria possível com algo tão comoditizado quanto chiclete?

A resposta que funcionou para o chiclete Extra é a mesma que funcionará para você. Não importa o cenário. Não importa o vão. Não importa o produto ou o público. A maneira mais simples e eficaz de construir pontes que capturem a atenção, influenciem comportamentos e transformem quem ultrapassá-las, resultando em vãos que permaneçam fechados e pontes que perdurem, é com storytelling.

No fim das contas, são as histórias que marcam.

Storytelling e Construção de Pontes que Perduram

Antes de continuarmos, permita-me esclarecer uma coisa. Embora este livro seja sobre storytelling nos negócios, não foi dessa forma que minha experiência com o poder do storytelling começou. Eu não trabalhei em uma empresa de marketing ou em uma equipe de vendas e *então* descobri o poder das histórias.

Minha experiência *começou* com storytelling. Os negócios vieram depois.

Como já disse, contei minha primeira história quando tinha 11 anos. Foi uma lição de casa de inglês no quinto ano. Continuei contando histórias para entretenimento na minha igreja e depois na equipe de oratória no Ensino Médio. Depois da graduação, participei e contei histórias em festivais de storytelling pelo país. Participei de workshops, jornadas e conferências sobre storytelling. Admirava mestres de storytelling que, sem nenhuma pauta, conseguiam cativar centenas de pessoas. Contadores de histórias que conseguiam pegar pequenos momentos e dar-lhes grandes significados, sem nada além do domínio das suas narrativas.

E foi lá, na presença da história e do storytelling, em sua forma mais pura, que eu testemunhei seu poder pela primeira vez; um poder que inclui, sem esforços, todos os três elementos para a construção de pontes: atenção, influência e transformação.

Storytelling e Atenção

Recentemente, participei de um almoço com executivos de marketing do ensino superior. Eles estavam lamentando a péssima capacidade de concentração de seus clientes de 17 anos e parecia que minha sugestão de contar histórias melhores em vez de focar o uso de menos palavras estava causando algum caos interno. Um senhor, muito frustrado, perguntou: "Então como você sugere que a gente incorpore uma história longa quando nosso público tem capacidade de concentração mais curta do que a de um peixinho dourado?"

A pergunta era boa, mas distorcida. Em primeiro lugar, isso do peixinho dourado, se você já ouviu, é um mito.

Segundo, implicava que o receptor da mensagem era falho, convenientemente tirando a culpa do criador da mensagem. Talvez as pessoas não prestem atenção porque suas hashtags não têm importância na vida real.

Finalmente, e o mais importante, a pergunta revelava a sutil crença de que a relação do profissional de marketing com a atenção do público tinha que ser de desafio. Mas, na verdade, quando feita corretamente, não é necessário prender a atenção ou batalhar por ela. Ela é dada. Livre e espontaneamente e, em muitos casos, sem que o público perceba que isso está acontecendo.

A facilidade de prender a atenção é um dos grandes pontos fortes do storytelling e é resultado de uma alavancagem única que nenhuma outra forma de troca de informações possui: o processo do storytelling é cocriativo. À medida que se conta a história, o ouvinte recebe as palavras e adiciona suas próprias imagens e emoções a elas. Sim, a história é sobre determinados personagens em determinado cenário, mas os ouvintes preenchem a narrativa com suas próprias experiências até que a fronteira entre a mensagem e o receptor fique indistinta. Pesquisadores exploraram esse aspecto do storytelling, chamando a experiência de se perder na história de "transporte narrativo"[2] e até alegaram que um dos aspectos negativos do storytelling é que, quando somos verdadeiramente transportados para uma história, perdemos a consciência de nossos arredores.[3] Se já perdeu uma entrada enquanto ouvia um podcast baseado em histórias ou um audiolivro, você entende muito bem esses efeitos. E pense nisso. Naquele momento, você se sentiu coagido a ceder sua atenção? Não. Você viajou prontamente para o mundo da história. E é nesse momento que a atenção se transforma em algo muito mais valioso: cativação.

Cative seu público com uma história e, assim como descobri na butique eslovena, você terá acesso a toda atenção que precisar.

Storytelling e Influência

Além dos efeitos cativantes de uma história ou, mais precisamente, como resultado deles, as histórias possuem uma qualidade persuasiva inerente. Pesquisadores testaram isso também, determinando que, à medida que o público se perde em uma história, suas atitudes mudam para refletir a história menos o controle típico[4] (mais sobre controle no Capítulo 4).

Com a história, a resistência se dissipa. Com a história, não precisamos experimentar a comida para querer ir ao restaurante ou sentir o cheiro da colônia para querer comprar um frasco. Uma história permite que as pessoas se apaixonem pelo produto, valorizem seu serviço e sintam-se compelidas a agir. Quando o vendedor esloveno começou a nos contar a história de Eight & Bob, não nos sentimos comprados ou convencidos. Éramos participantes ávidos e agimos por nosso próprio desejo. O que, não sei quanto a vocês, me parece uma maneira muito mais desejável de atravessar uma ponte.

Storytelling e Transformação

Sabemos que a história tem a habilidade de transportar o ouvinte para o mundo da história (atenção). Sabemos que, quanto mais envolvido está o público em uma história, maiores as chances de adotarem as perspectivas dela (influência).

E, para o último elemento, as pesquisas também determinaram que, uma vez que o público emerge de uma história, está transformado.[5] E não só por um minuto ou dois. Os efeitos são duradouros.[6]

Já saiu de um teatro e sentiu que a história foi com você até sua casa e permaneceu com você por um tempo? Já ouviu uma história de um amigo que mexeu com algo em seu interior? Uma vez, contei uma história para dois amigos sobre uma garota que perdeu sua filha pequena em um acidente trágico de afogamento. Meus amigos ainda comentam que nunca se esquecerão da história e agora esvaziam as piscinas de seus filhos depois de cada uso.

Esse tipo de impacto duradouro não é reservado para Hollywood e tragédias, é inerente a todas as histórias bem contadas. A história do Eight & Bob fez mais do que converter, transformou Michael e eu em convertidos. Fomos transformados pela história. Não podíamos esperar para contá-la. Para dividir. Nos tornamos como o vendedor que estava louco de vontade de nos contar a história. O desejo de compartilhá-la era urgente e contagioso como uma tosse e durou muito mais.

O poder transformador de uma história também pode ir além do receptor. Algumas vezes, uma história pode transformar a própria mensagem. A tarefa de construir pontes sob vãos nos negócios pode parecer transicional, sendo o objetivo simplesmente levar clientes e colaboradores do ponto A ao ponto B. É fácil ser capturado pelas tarefas e responsabilidade diárias, perder contato com a causa maior e mais nobre por trás disso tudo, que — pode me chamar de otimista — eu acredito que está sempre lá, não importa quão duro o trabalho pareça ser. Refocar a mensagem nessa causa nobre faz parte do poder transformador do storytelling.

Uma vez trabalhei com uma empresa de logística cujo único propósito era levar coisas daqui para lá, mas entendiam que seu trabalho era ajudar seus clientes a manter suas promessas. Nobre.

Também trabalhei com empresas de seguro que, na superfície, podiam parecer como desalmadas que colocavam os pingos nos *is* nos processo de hipoteca e compras de imóveis. Mas, como entendiam, o trabalho deles é o que possibilita o sonho americano e permite que as pessoas, de forma confiante, chamem suas casas de lar. Nobre.

Nos negócios, tem sempre algo além do que os olhos podem ver, algo maior em jogo. Contar essa história pode transformar inteiramente os negócios.

E contar essa história do algo maior é exatamente o que o Extra decidiu fazer.

Chiclete Extra e a História da Ponte Suprema

Depois de uma pesquisa extensiva e investimento em análises de consumidores, o Extra soube, sem sombra de dúvidas, que naquela janela de dois segundos na fila do caixa a maioria das compras de chiclete era inconsciente. Para que fosse o chiclete escolhido, o Extra tinha que se conectar com os consumidores de maneira real e visceral muito antes de eles se encontrarem nos corredores do mercado. Destacar características insensíveis e unidimensionais, como sabor de longa duração, não era o suficiente para construir uma ponte sob o vão, então decidiram ir além.

Após mais pesquisas, descobriram que uma das emoções mais profundas que levavam à compra do chiclete era o "aspecto social de compartilhá-lo com outras pessoas".[7] Isso não é verdade apenas para os chicletes, outras opções de produtos para refrescar o hálito, como o Tic Tac e o Altoids, também se concentram no design de seus produtos para incentivar o compartilhamento: todo mundo sai ganhando. Os donos da menta ganham pontos no aspecto social pela generosidade e os produtores da menta vendem mais. Essencialmente, como uma empresa de transporte faz mais do que somente levar coisas de um lugar para outro e as agências de seguro são mais do que apenas pilhas de papel e assinaturas, o chiclete, se escolher vê-lo como tal — e, ainda mais importante, se escolher *vendê-lo* como tal —, é mais do que um sabor de longa duração.

O chiclete tem a ver com união, aproximação e conexão, e tudo isso é muito importante para a experiência humana. Se o Extra conseguisse encontrar uma maneira de se conectar a essa emoção, quando os clientes olhassem cegamente para as fileiras de chiclete, um lampejo desse significado maior passaria pela mente deles, os conectariam com o Extra e levaria à venda.

Em 2015, o Extra lançou um vídeo de dois minutos sobre um menino e uma menina, Juan e Sarah, mas os nomes não importavam. O chiclete não importava. O que importava era a história.

O vídeo começava com uma cena do lado de fora de uma escola. Temos um vislumbre de Sarah. Ela é bonita do jeito de uma garota comum e, enquanto a câmera foca seu rosto, ela sorri levemente. No frame seguinte, vemos por que ela está sorrindo ou para quem ela sorri: Juan, um jovem lindo com olhos gentis. Ele sorri de volta.

Momentos depois, vemos Sarah diante de seu armário e ela deixa cair todos os seus livros. Como assim quis o destino, Juan está lá e a ajuda a pegá-los. Como agradecimento, Sarah oferece um chiclete Extra. É uma das únicas vezes que vemos o chiclete no vídeo.

À medida que o vídeo segue, vemos o relacionamento de Juan e Sarah evoluir em diversas vinhetas: o primeiro beijo no banco da frente do carro de Juan, a primeira briga, os dois se apaixonando como o fazem os adolescentes do Ensino Médio. Então vemos Sarah em um aeroporto. Ela está indo embora. Vemos Sarah em um escritório importante em uma cidade qualquer. De repente, como Dorothy e Kansas[*], percebemos que não estamos mais no Ensino Médio. Essa é a vida real e o brilho do começo do vídeo se vai. Tudo parece frio quando Sarah e Juan tentam se conectar por vídeo.

Se procurar esse vídeo no Youtube e colocar o cursor na barra de tempo nesse momento do vídeo, verá que não sobrou muito tempo para os dois se resolverem. Também perceberá que não demorou muito para que você se importasse com isso. Mas vamos chegar lá depois.

Com apenas alguns segundos para acabar, a cena muda. Sarah está entrando em um lugar vazio. Uma galeria de arte abandonada, talvez? Um restaurante sem mesas? Não sabemos. Sarah também parece confusa.

---

[*] *Nota a Tradutora*: Referência do filme Mágico de Oz.

Ela olha ao redor e percebe várias pequenas imagens emolduradas na parede. Ela anda em direção a uma delas. É um esboço de um menino ajudando uma menina a pegar seus livros em frente a um armário. Sarah sorri. Nós sorrimos.

No frame seguinte há o esboço de um menino beijando uma menina no banco da frente de seu carro.

À medida que Sarah passa por cada imagem, percebemos que são desenhos de momentos do relacionamento dela com Juan e nos lembramos do lindo amor deles.

Espera! Nos lembramos? Só se passaram 70 segundos. Mal dá tempo de processar, muito menos ser lembrado de alguma coisa. E ainda assim um senso de nostalgia nos abarca. Nostalgia por Juan e Sarah ou talvez por nossas próprias histórias de amor. Eles parecem ótimos juntos.

Sarah, enfim, chega ao final da fila de esboços. Seguro minha respiração conforme ela se aproxima do último.

Os olhos dela se arregalam. É uma imagem de um menino de joelhos, segurando uma aliança, pedindo a menina em casamento.

Mas... espera! Isso não faz sentido. Juan ainda não pedi—

Nossa mente inconsciente sai de rumo, nossa mandíbula cai, nossos olhos queimam conforme Sarah se vira e vê Juan ajoelhado, segurando uma aliança. Eles se abraçam e o vídeo volta para a primeira troca: um pequeno sorriso de uma garota linda para um menino gentil. E, agora, ali estão eles.

Já vi esse vídeo muitas vezes. Isso é necessário quando se está escrevendo um capítulo cujo arco envolve essa história dentro de uma história. Dito isso, o vídeo me envolve toda vez que o assisto.

Na verdade, escrevo essas palavras a 30 mil pés em um voo de conexão. Liguei o Wi-fi no meu computador e coloquei o vídeo. Não estava pensando nisso, apertei o play e fui imediatamente transportada para o mundo de Juan e Sarah. Dois minutos depois, lágrimas escorriam pelo meu rosto e eu soluçava incontrolavelmente (geralmente, meu ego se perguntaria o que a pessoa ao meu lado pensaria sobre a outra chorando no 7A. Mas nesse voo em particular o cara sentado ao meu lado chacoalhou tanto as pernas e balançou tanto a fileira inteira por duas horas que acho que estamos quites).

Também é importante observar, porque recentemente mudei para um iPhone X, que eu não tinha fone de ouvido compatível com meu notebook no voo. Então fui forçada a assistir ao vídeo de Juan e Sarah no mudo. Menciono isso porque algumas pessoas podem argumentar, depois de ver o vídeo, que é a música que deixa a história tão emocionante. Mas, mesmo em silêncio, a história me tocou. Algo no desenrolar da história deles me levou ao passado. Ao assisti-lo, eu subitamente estava no primeiro ano do Ensino Médio lembrando a emoção, a inocência e a beleza de quando Andy K. me deu aquela latinha de refrigerante e sorriu. Apesar de a nossa história não ter acabado com um pedido de casamento, a emoção de uma viagem pela memória é exatamente o que o Extra estava querendo e conseguiu de forma esmagadora.

Pode ser que seja importante para mim, lembrá-los nesse momento que essa história, de Juan e Sarah, era na verdade sobre o chiclete. O que você compra sem pensar e casualmente masca. O que o Extra, se quisesse causar vendas positivas, tinha que conectar às suas emoções para interromper seus hábitos inconscientes de compras. Então como é possível conectar as pessoas emocionalmente ao chiclete? Contando uma história. A história de Juan e Sarah. E você sutilmente coloca o produto na história. Um chiclete compartilhado no começo e — ah, esqueci de mencionar, porque eu quase nem percebi — todos os esboços da cena final foram desenhadas no verso dos papéis que embalam o chiclete. Sim, o chiclete está lá. Mas a história é sobre muito mais do que isso.

Quando você conta uma história, é sempre muito mais.

A Extra pegou o vídeo original e criou uma variedade de versões de 15, 30 e 65 segundos. Como eles sabiam que a versão de 2 minutos seria a mais impactante, lançaram uma campanha digital significativa ao redor da versão mais longa para que, quando as versões menores fossem lançadas na televisão, muitos dos que a visualizaram já teriam visto a história inteira.

A resposta foi tudo o que o Extra poderia esperar: tweets, retweets e posts no Facebook, nossa! Ellen DeGeneres tuitou sobre ele e os visualizadores do YouTube votaram nele como o anúncio do ano na categoria "Gives You the Feels" [Faz Você Sentir Coisas, em tradução livre].

Embora todos nós queiramos amor social e likes, e comentários, compartilhamentos e retweets sejam ótimos, o Extra estava mais preocupado em construir a ponte no vão de vendas. O sucesso dessa campanha foi calculado inteiramente em se as pessoas comprariam ou não pacotes de chiclete Extra. No momento crítico — o momento da verdade do fechamento do vão — os consumidores *compraram* o chiclete Extra?

A resposta? Sim, compraram.

O vídeo de 2 minutos foi visto mais de 100 milhões de vezes e, o mais importante, o Extra reverteu as vendas em decadência.[8]

Isso sim é um final feliz, se é que houve um.

Do Por Que ao Como

Os benefícios do storytelling são tocantes e reais, e eles, na verdade, respondem o porquê deste livro. O storytelling é uma das ferramentas de construção de negócios mais poderosas que existe. Ele cativa, influencia e transforma clientes, colaboradores, talentos e muito mais, fechando os vãos nos negócios com pontes que perduram.

Mas como isso acontece? Como algo tão simples quanto uma história pode ser tão poderoso nos negócios? Para entender isso, e para começar o processo de encontrar e contar suas próprias histórias, precisamos viajar para a fonte onde as histórias começaram a ser contadas e o lugar onde encontram seu lar no receptor: o cérebro.

CAPÍTULO DOIS

Era Uma Vez um Cérebro

*Hackeando o Sistema Nervoso com Histórias
para Cativar, Influenciar e Transformar*

História é a linguagem do cérebro.
—Lisa Cron, Story Genius

No verão de 2014, o Maricopa Medical Center estava em uma situação difícil. Não era, para ser clara, nenhuma novidade. Hospitais municipais e do distrito estão quase *sempre* com dificuldades. Nem todos os hospitais foram criados da mesma maneira. E, se você gerenciar um hospital municipal nos Estados Unidos, muito provavelmente você está em uma camada muito baixa da cadeia alimentar, onde as dificuldades prevalecem.

A questão é demográfica. Se é rico e tem um bom convênio ou uma cobertura sólida de seu trabalho, um hospital municipal geralmente não é sua primeira opção para um tratamento. Se está em uma fatia de baixa renda com pouca ou nenhuma cobertura de seguro saúde ou não tem convênio, um hospital municipal geralmente é sua única escolha. O Maricopa, como a maioria dos hospitais municipais, é uma rede de apoio à saúde.

Por todo o seu status no município, entretanto, o Maricopa Medical Center, em Maricopa, Arizona, tem uma reputação notável. Para os quase 20 mil pacientes ao ano que entram por essas portas, há inúmeros especialistas e unidades especializadas, incluindo a segunda maior ala de queimados do país, que tem taxa de sobrevivência de mais de 97%. Como o mais antigo hospital-escola do Arizona, o Maricopa é reconhecido por formar médicos incríveis todos os anos. Em quase todos os aspectos, o Maricopa desafia seu status de hospital municipal de pequeno porte: é lotado, inspirador e reconhecido nacionalmente pela excelência.

Mas, como toda unidade de saúde municipal, também está em uma luta sem fim por dinheiro. Afinal de contas, é difícil ser uma rede de apoio para uma comunidade que é, em sua maioria, pobre e rica ao mesmo tempo.

Entre no Maricopa Health Foundation (MHF). Enquanto o hospital em si trabalha para ganhar fundos públicos, o trabalho do MHF é captar fundos privados para apoiá-lo. Como parte dessa missão, a MHF organiza um jantar anual para captar fundos chamado "Copa Ball". É uma parte importante dos esforços da fundação. Mas a captação de fundos em 2014 foi preocupante.

Captar fundos para hospitais municipais é, por padrão, desafiador. Diferentemente de captar dinheiro para uma fundação de arte ou uma instituição de caridade bastante reconhecida, as pessoas que frequentam o hospital e, portanto, provavelmente dariam apoio financeiro a ele, estão lá porque não têm acesso a fundos excedentes. Sempre que as pessoas que *usam* um serviço não são quem ajuda a *pagar* por ele, a captação de fundos pode ser difícil.

No ano anterior, a fundação tinha tentado enfrentar esse problema colocando os médicos no palco para falar sobre seu trabalho. Os médicos falaram sobre a natureza urgente de seu trabalho e o quanto precisavam da tecnologia A ou de um equipamento essencial B. No final, pediram ao público uma doação financeira para a fundação.

Como havia na plateia alguns profissionais locais e de medicina, as apresentações dos médicos pareciam uma boa aposta. Credibilidade? Sim. Conexão? Sim. Mas cheques *financeiros*? Nem tanto. A captação de fundos funcionou, mas não atingiu o que a fundação esperava levantar.

Esse ano havia mais um desafio para a captação de fundos: um financiamento de quase um bilhão de dólares seria votado no estado. Em um estado conservativo, o financiamento não era extremamente popular. Apenas esforços de marketing de primeira linha e constantes iniciativas populares obteriam os votos necessários para aprovar o financiamento. É claro, marketing de primeira linha e qualquer coisa constante necessita muito dinheiro. O que significava que as pessoas presentes no baile da noite do "Copa Ball" de 2014 já tinham recebido pedidos, em inúmeras ocasiões, para fornecer dinheiro a fim de apoiar as iniciativas de marketing para o financiamento. O que significava que quem subisse ao palco naquele ano falaria para 600 pessoas que já estavam financeiramente exaustas de tantos pedidos.

―――

Quando me encontrei com a MHF, eu estava particularmente preocupada com o primeiro problema: o vão entre os usuários predominantemente de baixa renda e os potenciais doadores predominantemente de alta renda. O desafio, como eu percebia, não era simplesmente convencer as pessoas a partilhar seu dinheiro com um argumento mais convincente sobre como aquilo era importante. Era uma abordagem racional, mas parecia fadada a ser um repeteco dos resultados fracassados dos anos anteriores.

Eu expliquei que as pessoas que iam ao "Copa Ball" não eram indiferentes. E, ao contrário do que se acredita, não estavam sem dinheiro — as pessoas sempre doam para causas com as quais se importam. O que a fundação precisava fazer era fechar o vão entre os doadores e o hospital. Precisávamos fazer os doadores perceberem que não estavam apenas doando para uma instituição qualquer, estavam doando para o hospital *deles*, um hospital com o qual se preocupavam.

Aquele, eu sabia, era um vão que poderia ser fechado com uma história. Como a MHF descobriria em breve, a história tem um lugar exclusivo no cérebro humano.

Chorando de Soluçar a 11 mil metros: Como a História Domina o Cérebro

Comédia romântica não dá.

Foi o que Paul Zak tinha dito à sua noiva há uns seis anos. Leve uma amiga para esses filmes, não ele. Ofereça filmes sobre prisão ou boxe, Stallone ou Schwarzenegger, não Nicholas Sparks.[1] Mas tudo mudou em um voo tarde da noite de volta para casa na Califórnia, onde, como Zak, neurocientista, expressou: "descobri que sou a última pessoa ao lado de quem você gostaria de sentar em um avião."

Exausto depois de permanecer cinco dias em Washington, DC, Zak colocou o trabalho e o notebook de lado para assistir ao filme premiado dirigido pelo valentão, Clint Eastwood, *Menina de Ouro*. No clímax do filme, Zak começou a chorar. E não foi só um chorinho, ele estava incontrolavelmente em prantos ou, como ele descreveu: "chorando soluços incontroláveis."[2]

Em seu trabalho, Zak recebeu o crédito da descoberta de que a oxitocina, um neuroquímico feito no hipotálamo do cérebro de mamíferos, é mais do que apenas o responsável pela ligação entre mães e bebês. Ele mostrou que ela é sintetizada no cérebro pela confiança e que ela motiva a reciprocidade. A oxitocina, ele provou, é basicamente um elemento social. Nos ajuda a criar laços, confiar e amar. Na verdade, seu trabalho lhe deu o apelido de "Doutor Amor". Depois de sua dramática experiência no avião, Doutor Amor começou a se perguntar se o cérebro libera oxitocina quando assistimos a filmes. É por isso que choramos?

Para descobrir, Zak trabalhou com um grupo de universitários para criar um experimento no qual indivíduos assistiam a um vídeo de um hospital infantil. Nele, um pai fala sobre seu filho de dois anos, Ben, que tem câncer cerebral terminal.

"A história tem um arco dramático clássico", Zak escreveu, "em que o pai está lutando para se conectar e curtir o filho, ainda que saiba que a criança tem apenas alguns meses de vida. O vídeo termina com o pai descobrindo a força para ficar emocionalmente próximo de seu filho 'até que ele dê seu último suspiro'".[3]

Não é preciso dizer que o vídeo é uma história intensamente emotiva.

Outro grupo também assistiu a um vídeo de Ben e seu pai, mas nesse eles passavam um dia no zoológico. É tocante, de certa forma, mas não tem o apelo dramático do primeiro. O primeiro é uma história, o segundo tem uma abordagem mais descritiva.

A equipe de Zak mediu a oxitocina no cérebro de ambos os grupos antes e depois do vídeo e descobriu que quem assistiu ao primeiro vídeo — aquele com a história — teve um aumento de 47% de oxitocina.

É o que aconteceu depois, no entanto, que importa para os negócios. Foi quando a oxitocina começou a mudar o comportamento. Quem assistiu ao primeiro vídeo estava mais generoso em relação aos outros e doava mais para instituições ligadas ao câncer. A história, em outras palavras, fez com que as pessoas ficassem melhor conectadas, mais confiantes e mais generosas.

Mas, Primeiro, Atenção...

É claro, não é possível causar impacto nas pessoas a menos que tenha a sua atenção. É preciso cativar para influenciar. Não é possível ganhar confiança se ninguém o enxergar.

A história também nos ajuda aqui.

Em mais experimentos, Zak observou que as pessoas que assistiam a anúncios de serviços públicos aumentaram em 261% as doações para caridade, quando sua oxitocina e cortisol (que está relacionado com a atenção) aumentavam.[4] Apenas um único fator não foi suficiente para obter esses resultados: é necessário tanto a atenção *quanto* a confiança.

O que Zak havia mostrado no laboratório era a base neurológica do que os contadores de história sabem há anos: as histórias focam sua atenção e criam laços, com base em confiança, entre as pessoas. Em suma, a pesquisa de Zak mostrou como a história colocava as pessoas na intersecção entre a cativação e a influência.

Uma vez que tenha atraído a atenção das pessoas com um pouco de cortisol e obtido sua confiança graças à oxitocina, elas se tornam mais generosas. Mas não é necessário levá-las a um laboratório e lhes dar neuroquímicos para influenciar seu comportamento. Basta contar-lhes histórias. E foi exatamente isso que a MHF decidiu fazer.

Hackeando as Instituições de Caridade com Histórias

O formato do "Copa Ball" é igual a muitos eventos filantrópicos. Um palestrante faz uma pequena apresentação e depois faz o pedido de doações. Os talões de cheque ou smartphones com aplicativos de doação aparecem e então outro palestrante sobe ao palco. É como o teleton em que artistas fazem apresentações e o anfitrião pede doações.

Esse é um modelo eficaz apenas se os palestrantes cumprirem sua parte. Meu trabalho foi convencer a MHF que simplesmente pedir para os palestrantes endossarem uma causa e enfatizar sua importância não era o suficiente. Como nos estudos de Paul Zak, a chave para conseguir mais doações está em usar histórias para mudar mentes e corações, aumentar a atenção e a confiança e, por meio disso, a generosidade. Lógica, credibilidade e retórica, expliquei, não fariam com que a causa fosse mais importante do que foi no ano anterior. Mas usando histórias poderíamos hackear a neurologia que conecta as pessoas a um nível fundamental e incita confiança e generosidade.

Após uma reunião com a fundação, sugeri que deveriam fazer a pauta do discurso com base em que tipo de histórias precisavam ser contadas em vez de escolher palestrantes somente pela sua importância. Ao invés de escolher as pessoas, primeiro sugeri que escolhessem as histórias.

Armada com algumas ideias de histórias em mente, a fundação começou a procurar por palestrantes. E encontraram exatamente o que precisavam, que, por acaso, não eram médicos. Naquele ano, a palestra do "Copa Ball" incluía uma ex-secretária de estado, um jovem que tinha passado por uma séria reconstrução facial no hospital e uma proeminente erudita local.

Como no ano anterior, as pessoas tinham credibilidade. Eram uma correspondência em potencial social e demograficamente aos doadores que poderiam participar do evento. Mas, neste ano, os palestrantes tinham algo ainda melhor: histórias. Nas semanas seguintes, me encontrei com cada um deles para ajudar a capturar e criar suas histórias para o "Copa Ball".

Quando a noite da festa chegou, fiquei ansiosa no fundo do espaço, nervosa pelos palestrantes, mas animada pela casa cheia com 600 pessoas que ouviriam as mesmas histórias que eu tinha ouvido e criado.

O primeiro palestrante da noite tinha sido paciente do hospital anos antes. Ele tinha 20 e poucos anos quando interveio em uma briga de bar com consequências horríveis. Ele tinha apanhado severamente, o rosto tinha sido esmagado e a cavidade ocular quebrada.

Quando chegou em Maricopa, estava claro que precisava de cirurgia imediata. Havia só um problema: ele não tinha convênio. A cirurgia reconstrutiva era extremamente cara. Para uma pessoa sem convênio que tinha acabado de sair do ensino médio, era essencialmente impossível pagar. Ele teria que seguir a vida desfigurado.

O homem explicou como contou ao médico que não tinha convênio e não poderia bancar a cirurgia. "O médico apenas colocou sua mão em meu ombro", relembrou, "e disse: 'Cuidaremos de você'".

Naquela noite, sob as luzes do palco, ou até de perto, não tinha como ver as placas de aço que os médicos do Maricopa Medical Center tinham cuidadosamente colocado embaixo da pele do rosto daquele homem bonito. Mas todo mundo podia ver os olhos marejados enquanto ele contava a um público fascinado como era saber que, quando mais você precisa, mais do que precisará em sua vida toda, alguém pode te ajudar.

Quando houve o pedido, a resposta foi esmagadora.

Betsey Bayless foi a próxima palestrante. Uma ex-secretaria de estado do Arizona que tinha muita credibilidade. Ela também era ex-CEO do Maricopa *Integrated Health System* (MIHS), o que foi outro desafio. Teria sido muito tentador e muito mais seguro que ela usasse uma retórica a que estava muito acostumada: fala corporativa de alto nível sobre o trabalho importante que o hospital fez e por que era tão importante doar. Mas a secretária Bayless tomou um rumo menos sinuoso e, em vez disso, contou uma história, não como ex--CEO ou ex-secretária de estado, mas como filha.

Alguns anos antes, seu pai teve um derrame, e precisou de cuidados imediatos. Ela não chamou os paramédicos porque sabia que o levariam ao hospital mais próximo — uma instituição particular luxuosa. Em vez disso, a secretária Bayless levou seu pai em uma cadeira de rodas até o carro dela e fez a jornada angustiante até o Maricopa Medical Center.

"Quando chegamos lá", Bayless recontou, "o médico estava esperando na porta. Quando alguém que você ama precisa de ajuda, precisa desesperadamente, não dá pra imaginar como é saber que, no Maricopa, alguém estará lá esperando por você".

Mais uma vez, o público respondeu emocionalmente e com doações.

A última palestrante foi Marilyn Seymann. Uma PhD com uma carreira de décadas em finanças e governo, Marilyn era um tesouro bem conhecido e bem respeitado de Phoenix. A mensagem dela, no entanto, não foi o pedido padrão por doações. Marilyn compartilhou uma história pessoal sobre o dia em que ela estava passeando com um amigo e foi atropelada. Incapaz de responder na ambulância, ela não foi levada ao hospital que escolheria, mas ao mais próximo: Maricopa Medical Center.

Marilyn contou a história dos cuidados incríveis que os médicos deram a ela. Quando foi a hora do terceiro pedido da noite, só faltou o público jogar dinheiro no palco.

A noite foi um sucesso fenomenal. Não faltou lágrimas, gargalhadas e boa--vontade. Assim como tinha levado Paul Zak às lágrimas a onze mil metros, a história tinha jogado uma corrente de oxitocina de emoção conectora na multidão. As pessoas foram cativadas pelas histórias de perda, esperança e redenção. O público se conectou com as pessoas que contavam as histórias de uma maneira que nunca tinha ocorrido na história do "Copa Ball".

Na verdade, não é um absurdo dizer que foi mais do que uma simples conexão, mas uma sincronização poderosa. Como Uri Hasson, neurocientista de Princeton, mostrou, os cérebros de contadores de histórias e ouvintes podem se sincronizar.[5] As histórias não só fazem com que nos gostemos, elas fazem com que sejamos *iguais* uns aos outros. Nos fazem similar. Paul Zak observou: "Se prestar atenção à história e ficar emocionalmente engajado com os personagens, então é como se você tivesse sido transportado para o mundo da história. É por isso que suas palmas suam quando James Bond desvia de balas. E porque você reprime as lágrimas quando a mãe do Bambi morre."[6]

Mesmo sem a ação de James Bond e a fofura de Bambi, o "Copa Ball" atingiu o mesmo processo cerebral. Quando o evento terminou, as doações tinham sido mais do que o dobro dos anos anteriores.

Mudança Duradoura

As histórias dos palestrantes daquela noite foram a ponte de que a organização precisava. Mas mesmo Paul Zak ficou um pouco confuso em seus estudos sobre como o storytelling suscitou as doações. "Se pensar nisso", escreveu, "as doações são estranhas. O dinheiro doado para a instituição não pode ajudar esses atores em suas conexões fictícias. Ainda assim, a oxitocina faz com que as pessoas queiram ajudar outras pessoas de maneiras custosas e tangíveis."[7]

Zak estava falando sobre o efeito duradouro da história, ou seja, a terceira parte da construção de uma ponte eficaz, a transformação que ocorre a partir das mudanças no cérebro. A oxitocina no cérebro, que é induzida pela história, também ativa um circuito humano da empatia mediada pela oxitocina (em inglês, HOME — human oxytocin-mediated empathy). Entre outras coisas, esse circuito usa a dopamina, que é um neuroquímico de reforço. E a dopamina nos ajuda a aprender ao nos dar uma sacudida toda vez que algo notável acontece.

Em outras palavras, a história pode criar impactos duradouros porque nos lembramos melhor quando ouvimos histórias. Esse é um dos atributos mais cativantes do storytelling. Volte a um tempo em que não havia armazenagem em computadores. Volte a um tempo anterior às fotografias e livros, e até mesmo a palavra escrita, e encontrará histórias, contadas oralmente e passadas de geração a geração. Por quê? Porque eram memoráveis. Duravam. Uma lição ensinada em uma história era uma lição que poderia ser relembrada sempre que necessário.

Uma lição aprendida pode fazer toda a diferença na evolução das espécies. Ou na vida de um hospital. Porque as histórias cativam e influenciam o cérebro, mas também o transformam.

Ou, como diz Zak tão eloquentemente: "A narrativa acaba, mas os efeitos perduram."[8]

Não é Apenas Uma História Qualquer...

Mas tem um porém em tudo isso.

Para que todo o poder da história cative, influencie e transforme o cérebro, há duas coisas importantes que também devemos conhecer ao estudar o impacto neural da história. A primeira é que deve realmente haver uma história. Se já esteve em uma conferência, uma reunião na manhã de segunda-feira ou qualquer coisa que envolvesse slides de PowerPoint e muito texto, você sabe que nem tudo é uma história.

Segundo, nem todas as histórias são criadas da mesma maneira. Algumas são ruins.

Na verdade, muitas são ruins.

Essa é, em essência, a lição que a neurologia nos ensina sobre o cérebro e os negócios: você tem que usar histórias *e* elas têm que ser boas.

O que nos leva a: o que exatamente *é* uma história e como contar uma ótima história?

CAPÍTULO TRÊS

O Que Faz Com Que Uma História Seja Ótima

(E Sempre Supere Cachorrinhos e Supermodelos)

> *O poder do storytelling é exatamente este: construir pontes em vãos onde tudo o mais ruiu.*
> —Paulo Coelho

Minha avó, do lado do meu pai, era grande fã de esportes. Mesmo quando sua memória já não era mais a mesma, ela conseguia se lembrar dos nomes e pontuações de todos os jogadores, tanto do Minnesota Twins quanto do Vikings. Por fim, ela quase não reconhecia seus netos, mas ainda sabia quem era o jogador pela forma como ele andava no campo.

Os domingos com a minha avó foram minha introdução ao futebol americano. Anos depois, quando Michael e eu estávamos namorando, ele também preferia passar os domingos no sofá assistindo futebol. Para que eu não o convencesse do contrário, Michael começou a me contar todo o drama por trás do jogo. As negociações, as crises, as traições e os perdedores. Assim que conheci as histórias, era impossível me tirar de frente da tela, mesmo que quisesse. E, acredite, houve momentos em que Michael tentou. Aparentemente, gritar com a televisão só é apropriado em certos momentos do jogo, não o tempo inteiro. "É isso que você ganha, Tony Romo, por dar um pé na bunda da Jessica Simpson!" "Saints?! Saints?! Que nome é esse?! Acho que você vai pro inferno por esse golpe no Favre". Até perdi a voz e quase entrei em uma briga no Super Bowl XLIII, quando os Cardinals estavam jogando com os Steelers.

O que posso dizer? Pra mim, é fácil me perder na tragédia e triunfo de um ótimo jogo. E não estou sozinha. Nos Super Bowls, boa parte da nação se envolve nos dramas. E se você for do tipo que gosta de apostar, o drama atinge um outro nível.

O Super Bowl de 2014 entre os Seattle Seahawks e os Denver Broncos foi difícil para os apostadores. Dois terços deles apostaram nos Broncos naquele dia — uma escolha que se mostrou um erro muito caro. No que poderia se tornar o pior dia na história do Super Bowl para os apostadores,[1] Seattle esmagou o Denver e ganhou o 48º Super Bowl em uma das maiores tristezas da história do jogo. Denver, no entanto, bateu o próprio recorde por ser o único time em três décadas a marcar menos de dez pontos em um Super Bowl. Ai.

Para a maioria dos apostadores nos Estados Unidos, o jogo foi um desastre. Mas, enquanto a maioria errou no resultado do jogo, um homem conseguiu fazer uma aposta que acabou se realizando: ele previu com precisão qual anúncio seria o preferido da transmissão de 2014.

O Que São US$4 Milhões Entre Amigos?

O Super Bowl é um fenômeno de marketing. Mais de um terço dos norte-americanos assistem o jogo todos os anos — um número assombroso. Só pelos olhares, já é o sonho dos anunciantes. Mas o Super Bowl tem um quê especial que outros eventos transmitidos não têm: as pessoas querem ver os comerciais.

Louco, mas é verdade. Se já esteve em uma festa de Super Bowl, já passou por esse fenômeno bizarro. Um dos únicos momentos da televisão em que os telespectadores ficam mais quietos é quando entram as propagandas.

Para os anunciantes, a combinação de olhares e atenção focada é o nirvana do marketing. Os anúncios do Super Bowl não só recebem mais atenção do que os outros — especialistas começam a comentar semanas antes do jogo em si —, mas as marcas ganham certo crédito de marketing só por aparecer. Estar no Super Bowl dá às empresas e agências de publicidade um cachê que não pode ser comprado.

Porém, ele *pode* ser comprado. Essa é a questão. E, em 2014, os anúncios custavam US$4 milhões por 30 segundos na TV.

Mesmo com todos os olhares, é um alto preço quando não há evidências de que os anúncios do Super Bowl geram venda. A Volkswagen disse ter recebido US$100 milhões em publicidade gratuita a partir de seu anúncio, que podemos admitir que foi incrível, em que uma criança se vestia de Darth Vader[2] (sim, algumas vezes uma fantasia de Darth Vader pode trabalhar a favor da marca), mas calcular a taxa de retorno é uma tarefa bem complicada. E mesmo que consiga fazer as contas, um anúncio no grande jogo ainda é uma aposta. Se errar, perderá milhões de dólares. Além disso, se errar feio, perderá diante de centenas de milhões de pessoas. Como com outros apostadores, para os anunciantes do mundo, o Super Bowl é uma grande aposta.

Não há dúvidas de que isso tudo passou pelas mentes das pessoas da Anheuser-Busch quando fizeram o anúncio "Amor de Cachorrinho" para o Super Bowl de 2014. Além dos altos riscos, a marca também tinha que proteger sua reputação. Os anúncios com tema de Clydesdale eram sucessos perenes, ganhando um lugar no Top Five dos anúncios mais vezes do que qualquer outra marca na década anterior.

Somente isso já fazia com que o anúncio seguinte fosse um favorito. Não havia dúvidas de que a Anheuser-Busch faria tudo o que estivesse ao seu alcance. E se você olhar fundo no anúncio, há muitos motivos que apontam por que alguém pensou que seria um vencedor.[3]

Primeiro, é extremamente fofinho. Quero dizer, está centrado em um filhote de labrador, pelo amor de Deus. Além de fofo, era dirigido por Jake Scott, filho do famoso diretor Ridley Scott, que, interessantemente, dirigiu o famoso anúncio da Apple "1984", que foi ao ar no Super Bowl XVIII. Os humanos na frente da câmera incluíam uma linda ex-modelo de biquíni e atriz e um lindo homem mais velho. E havia a música tocando de fundo: "Let Her Go", do músico britânico Passenger.

Em suma, havia muitas ótimas razões para pensar que o anúncio mandaria bem.

Nada disso, no entanto, foi o que fez o professor e pesquisador de marketing da Johns Hopkins, Keith Quesenberry, pensar que o anúncio venceria. Ele previu, certeiramente, que o anúncio seria um favorito, não porque tinham cachorrinhos fofos e não humanos, mas porque usava uma história.[4]

Viva o Storytelling

Bem, você obviamente está lendo um livro sobre storytelling e quem compra um livro sobre storytelling provavelmente acredita no poder de uma história ou, ao menos, está intrigado com a ideia. E como ou você está intrigado ou acredita no que uma história pode fazer, provavelmente não ficou surpreso pela frase anterior: um comercial seria escolhido como vencedor porque conta uma história.

Mas essa aceitação casual de uma história é a fonte do problema da construção da ponte para fechar o vão que conversamos no Capítulo 1. O storytelling se tornou um termo para expressar a certeza, um elixir para curar tudo e por isso ninguém o confronta. Contar uma história obviamente é a resposta.

Pode ser que o surpreenda saber que isso é novo, essa aceitação cega do storytelling. Muito, muito recente.

Em dezembro de 2004, uma década antes do Super Bowl de 2014, a única coisa entre eu e umas férias de um mês em casa era a reunião da defesa preliminar da minha dissertação de mestrado.

É muito pior do que parece.

Quando se é aluno de pós-graduação, você passa metade do primeiro ano coletando e analisando pesquisas e então escrevendo um artigo preliminar de vinte páginas sobre uma ideia que quer analisar no segundo semestre. A defesa é uma reunião com os principais professores de seu departamento que, por mais de uma hora, te enchem de perguntas sobre sua pesquisa e a ideia que quer analisar. Se for bem na primeira defesa, tem a benção para continuar. Se for mal? É sua morte acadêmica.

Minha dissertação examinava o papel do storytelling na socialização de uma organização. Queria determinar que papel, bom ou ruim, as histórias tinham na construção da cultura de uma empresa. Hoje em dia, esse tópico não ergueria uma sobrancelha. Todo mundo está explorando a cultura de uma empresa e o storytelling geralmente é aceito como algo que acontece, deveria acontecer ou acontecerá. Mas, em 2004, esse não era o caso.

Não me lembro o que estava vestindo. Não me lembro de todos que estavam na sala. Mas nunca me esquecerei do peso do ar quando tomei meu lugar na cabeceira da mesa. Uma das professoras, minha orientadora, deu as boas vindas e agradeceu ao resto do corpo docente que estava presente, mas, antes que ela pudesse pensar em mencionar a comida que havíamos levado, um dos professores disse: "Discordo da premissa de sua dissertação."

Não assisti muito *Plantão Médico*, mas até eu sabia que esse era o equivalente ao momento em que o osciloscópio parou de bipar e se transformou em um som estável, alarmante, de um único tom. A linha ficou reta! O paciente morreu. Toca uma música triste.

A sala ficou em silêncio. Todo mundo olhou por cima da comida direto para mim. O professor continuou, lendo diretamente do documento que eu tinha demorado semanas, sim, mas também uma vida para escrever.

"Humanos são criaturas que contam histórias por natureza". Não, ele zombou.

"As culturas usam histórias para dar sentido e criar significado em comum". Não, ele disse.

Passei a próxima hora brigando pelo storytelling, por sua validade, por seu papel em nossa vida, nosso trabalho, no que significa ser humano. Que é um fenômeno que vale a pena estudar, uma habilidade em que vale a pena investir. Postulei que contamos histórias para lembrar. Contamos para cooperar. Para entreter. Para ensinar, dividir e sobreviver.

O fato de que nós, homo sapiens, somos os vencedores na corrida evolutiva para ainda existir *deve-se* à nossa habilidade de contar histórias uns aos outros. Nossa habilidade nos proporcionou a "não meramente imaginar as coisas, mas fazê-lo coletivamente". São palavras de Yuval Noah Harari em seu livro best--seller do *New York Times, Sapiens*. Demorou apenas 24 das 443 páginas para ele mencionar o storytelling.

"A habilidade de conversar sobre ficções é a habilidade mais exclusiva das linguagens Sapiens... tais mitos dão aos Sapiens a habilidade sem precedentes de cooperar flexivelmente em números grandes", o que significa que "podemos cooperar de maneiras extremamente flexíveis com inúmeros estranhos".

Harari admitiu: "Contar histórias eficazes não é fácil... No entanto, quando acontece, dá aos Sapiens um poder imenso, porque permite que milhões de estranhos cooperem e trabalhem para objetivos em comum. Tente imaginar quão difícil teria sido criar estados, ou igrejas, ou sistemas legais se pudéssemos apenas falar de coisas que existem, como rios, árvores e leões".[5]

Nunca conheci Harari. Espero esbarrar com ele na rua qualquer dia desses. Já planejei o que direi: "O livro foi incrível. Por que não o lançou seis anos antes?"

Era quando eu realmente poderia ter usado aquele livro. Quando eu precisava de munição. Quando estava na sala da universidade, sozinha, rodeada de professores poderosos que essencialmente tinham o meu futuro em suas mãos. Tinham o poder de me deixar continuar minha pesquisa ou me mandar de volta para o começo. Não passar. Não receber US$200. E postergar a minha vida indefinitivamente porque eles não acreditaram em mim — e eu não consegui convencê-los — sobre a importância do storytelling.

Não sei bem o que eu disse aquele dia. Felizmente para mim, o que quer que tenha sido, foi bom o suficiente e pude continuar minha dissertação e me formar a tempo.

Apesar de eu ser a única na sala brigando pela eficácia de uma dissertação sobre storytelling naquele dia de dezembro, pergunte para qualquer defensor do storytelling do começo do século XXI e eles dirão que seu valor, principalmente nos negócios, já tinha sido difícil de defender. Não tinha que ser, mas era. O consenso geral na época era de que mais informação significava tomadas de decisão melhores. O segredo para que o negócio funcione era dar aos consumidores, membros das equipes ou às pessoas mais opções e mais informações sobre essas opções.

Os negócios eram totalmente ligados à lógica.

E então, de repente, não eram.

A História do Imperador Sem Roupas

Há vários anos, estava em um café do bairro com meu MacBook Pro na mesa, fones no ouvido, tentando trabalhar um pouco. Mas eu já sabia. Se eu realmente quisesse trabalhar, teria ido a uma biblioteca ou ao menos a um café diferente do bairro. Em vez disso, conversava com as dezenas de pessoas que eu conhecia de dezenas de lugares e não conseguia fazer nada.

Bem na hora em que ia começar a me sentir culpada por pagar alguém para ficar com meus filhos enquanto eu socializava, um conhecido entrou. Ele era um desenvolvedor de imóveis comerciais que tinha conhecido na academia que frequentava. Tivemos uma conversa amigável e discutimos sobre quais aulas tínhamos feito (no caso dele *não feito*) na semana. Quando ele perguntou no que eu estava trabalhando, mencionei o storytelling. Ele sabia que eu estava envolvida com isso e já tinha, na verdade, lido um pouco do meu trabalho.

"Na verdade", disse ele, "acabei de comprar um livro no aeroporto sobre storytelling. Acho que preciso me tornar um contador de histórias melhor".

Sabia de que livro ele estava falando, só havia um publicado naquela época. Também sabia que aquele livro não o ajudaria muito. Sim, usava muitas vezes a palavra *storytelling*. Até incluía exemplos do que a maioria de nós pensa ser histórias. Mas, depois de ler, você continua com as mesmas perguntas que tinha quando gastou os 25 dólares para comprá-lo. O que é uma história? E como as uso em meus negócios e vida?

Quando perguntei o que ele achou do livro, ele deu de ombros. Ah, era ok, ele disse. Sabia que ele estava decepcionado, e não fiquei surpresa. Me lembro de pensar naquele momento que ainda havia muito trabalho a ser feito para que o storytelling nos negócios fosse mais acessível. Mais factível.

Queria poder contar o que mudou desde então. Como, em poucos anos, o storytelling passou de algo o qual você leva as crianças para ouvir na biblioteca para algo que estava na ponta da língua de Gary Vaynerchuk e Richard Branson. Talvez tivesse algo a ver com as primeiras 24 páginas do best-seller de Harari. Qualquer que seja a razão, de repente tudo girava em torno do storytelling! As empresas estavam pensando em storytelling. As mídias sociais giravam em torno de histórias. As histórias ficaram na *moda*.

Os posts do Facebook eram histórias.

Declarações de missões eram histórias.

Os sites tinham abas dedicadas ao "Nossa História".

As taglines eram histórias.

Em alguns casos, somente dizer a palavra *história* constituía uma história. E ninguém confrontou isso, porque tudo era história.

Não vou me esquecer do dia em que entrei no Walgreens em 2018 com meus dois filhos. Meu filho de sete anos tinha brincado muito no trepa-trepa do parquinho e suas mãos estavam cheias de bolhas com algumas estouradas. Nojento.

A uma hora da aula de natação, estávamos precisando muito de curativos à prova d'água. Tínhamos uma tarefa, mas ela foi imediatamente arruinada quando meu filho insistiu que precisava usar o banheiro. Enquanto esperava por ele do lado de fora do banheiro, algo chamou minha atenção.

Era uma gôndola. Nem sei direito que produto era. Só conseguia ver um painel de onde eu estava, de guardiã na porta do banheiro masculino. Mas as palavras em negrito "Nossa História" se destacava da embalagem. Curiosamente, abandonei meu posto, dei três passos em direção à gôndola e peguei uma caixa para ler a história que me prometeram:

> hydraSense® transforma o poder puro e refrescante da água do mar em hidratação reconfortante. Toda gota da água do mar em nossos produtos hydraSense vêm da baía de Saint Malo, na França, onde ondas e correntes poderosas constantemente renovam a água do mar, criando uma riqueza de minerais naturais. Então pegamos essa água do mar rica em minerais e a purificamos e dessalinizamos a níveis isotônicos para um conforto nasal perfeito.[6]

O quê? *Isso* é uma história?!

Acho que não.

Vamos pausar um pouco. Você já ouviu uma história real, certo? Alguém leu histórias para você antes de dormir. Seus amigos se reuniram para o happy hour e compartilharam histórias. Todo feriado, o maluco do tio Tom lhe conta a mesma história de pescaria. Seu cônjuge fez uma viagem de negócios e ligou para você para contar sobre um incidente angustiante no check in do aeroporto. Certo?

Você já ouviu uma história.

Vou lhe perguntar, a descrição do produto hydraSense pareceu de alguma forma uma história que você já ouviu na vida?

Não!

As pessoas não falam assim. E, quando falam assim, certamente não caracterizariam isso como uma história. Seus amigos não diriam: "Vou te contar uma história" e então recitariam os itens da sua lista de compras (se fazem isso, procure novos amigos).

E aí tem um problema.

Em sua ascensão para a aceitação, popularidade e status, perdemos a noção do que é uma boa história.

Não me entenda mal. Amo que o storytelling se tornou uma buzzword nos negócios. Amo que as pessoas estão pelo menos cientes de que têm um espaço para a história em marketing, vendas e liderança. É maravilhoso que poucos parecem discordar com a premissa do storytelling estratégico. Mas há um lado negativo.

No balançar do pêndulo do storytelling, fomos longe demais. Agora achamos que tudo é história. Se clicar no link que diz "Nossa História", não tem como saber o que vai encontrar. Agora, quando alguém diz "Essa é nossa história", o que segue podem ser datas, fatos do currículo, ingredientes, sabe-se lá mais o quê. Já vi vendedores falarem para uma sala cheia: "Me deixa contar a história da empresa XYZ" e então começar a lançar datas, estatísticas e um infográfico em uma projeção. Quero levantar e fazer objeções, assim como o professor fez em minha defesa.

Sim. As histórias são extremamente poderosas.

Sim. Você deveria contar histórias para fazer negócios. E, às vezes, contamos histórias sim para fazer negócios.

Mas as histórias, em algum lugar do caminho, ficaram conhecidas como marcas. E de alguma forma nos esquecemos que não, nem tudo é história.

Ao olhar para os anúncios, reuniões, apresentações e salas de reuniões de conselhos administrativos pelo mundo, perceberá rapidamente uma coisa: apesar da aceitação do conceito, ainda há falta de storytelling real nos negócios.

Então, de vez em quando, uma história verdadeira é contada e nos lembramos disso.

Quando Uma História é Realmente Contada

Em 2017, precisava de óculos novos.

Tinha ouvido falar de Warby Parker. Parecia que era o que as crianças descoladas estavam usando, então pensei em dar uma chance. Dez dias depois da minha consulta e de escolher a armação, os óculos chegaram em minha casa.

Abri o pacote, abri a caixinha e lá estava ele: uma linda armação e um paninho da Warby Parker para ajudar a manter as lentes limpas. O paninho não tinha o logo da Warby Parker, mas sua história. Uma história de verdade:

Warby Parker em 100 Palavras

Era uma vez um rapaz que deixou seus óculos em um avião. Ele tentou comprar novos óculos. Mas novos óculos eram caros. "Por que é tão difícil comprar óculos estilosos sem gastar uma fortuna?", ele se perguntava. Voltou para a escola e falou com os amigos. "Deveríamos abrir uma empresa para vender óculos incríveis por um preço que não seja insano", disse um deles. "Deveríamos deixar a compra de óculos divertida", disse outro. "Deveríamos distribuir um par de óculos para quem precisa a cada par vendido", disse um terceiro. Eureca! Nascia a Warby Parker.[7]

Era isso. Uma história real, rara.

Como o melhor comercial do Super Bowl de 2014.

Não Tem a Ver Com Cachorrinhos

Alerta de spoiler: nem a Anheuser-Busch nem Keith Quesenberry tiveram que se preocupar com suas apostas. Mas atingiram em cheio com "Amor de Cachorrinhos". Na verdade, o anúncio tinha sido classificado como o mais popular não somente naquele ano, mas na história do Super Bowl.[8] Melhor ainda, foi o anúncio mais compartilhado do jogo, com consumidores espalhando-o mais do que o resto dos top dez juntos.[9]

Mas por quê? Era sobre isso que Quesenberry e seu colega Michael Coolsen da Shippensburg University estavam curiosos. Para descobrir e apostar em "Amor de Cachorrinhos", analisaram os anúncios de dois anos do Super Bowl. Descobriram que o que fazia a diferença entre o melhor e o pior das pesquisas era ter ou não ter uma história. A história vence sex appeal, humor, celebridade e até mesmo cachorrinhos. Quesenberry observou: "Não tem nenhum problema o profissional de marketing usar um cachorrinho fofo, mas 60 segundos de um cachorrinho brincando com uma garrafa de Budweiser não teria sido um hit."[10]

Quesenberry parece ter razão. Se comparar os dez melhores e piores, os dois extremos do ranking usam coisas que se pensa que envolverão telespectadores: personagens fofos, ótima música, humor e alto valor de produção. Mas apenas as ótimas histórias ficam em primeiro.

E aí entra a grande questão. Que diabos *é* uma ótima história?

O Que É Necessário Para Contar Uma História Real

Filósofos, escritores, leitores e críticos discutem o assunto há anos. Para Quesenberry, uma ótima história é caracterizada por algo chamado de estrutura de cinco atos, popularizada por Shakespeare. Há modelos de sete atos, de nove pontos de virada na jornada e enredos com estrutura em w [w-plot, do inglês]. Há coisas como prólogos e sequência narrativa e desenlace. Há inúmeras teorias da história, uma mais complicada que a outra. E tudo bem se o seu objetivo for *Hamlet*.

Mas vou me arriscar e dizer que você, como eu, não quer escrever uma nova obra-prima shakespeariana. Suspeito que você esteja mais preocupado em tirar uma empresa do papel ou fazer um produto chegar às mãos de alguém do que criar uma saga que dure para sempre. Você mal tem tempo de revisar seus e-mails, que dirá conjurar uma aventura de herói complicada.

Se esse for o caso, você tem sorte. Um storytelling ótimo não é complicado como você pode imaginar. Se o que está tentando fazer é fechar vãos para melhorar seu negócio, é necessário um modelo mais simples. Não é necessário ler Shakespeare. Você precisa de algo que possa usar em um evento de networking ou em um post em redes sociais ou implementar em sua próxima reunião com a equipe. Pode ser que você não seja Budweiser ou Spielberg ou Hemingway ou Shakespeare, e você não quer ser. Você não tem US$4 milhões para gastar, mas os riscos são tão altos quanto.

Você precisa de quatro ingredientes essenciais para fazer com que uma história seja uma história.

E um jeito simples de reuni-los.

E você veio ao lugar certo.

Os Quatro Componentes de Uma Ótima História

Em 2018, minha equipe da Steller Collective, uma empresa dedicada ao estudo, criação e educação do storytelling estratégico, decidiu colocar nossa compreensão e metodologia da história à prova. Queríamos saber, sem dúvidas, o que era necessário para contar uma história eficaz. O que fazia a diferença entre uma mensagem como a que Warby Parker apresenta no paninho para limpar as lentes e a esquisita que a hydraSense apresenta em sua embalagem?

Criamos uma pesquisa para testar a eficácia dos diferentes tipos de mensagens de marcas. A hipótese era a seguinte: as mensagens que incluem certos componentes de histórias seriam mais convincentes do que as que não os incluem. Os componentes que testamos foram os que eu inseria em mensagens que queriam ser histórias há décadas:

- Personagens identificáveis
- Emoção autêntica
- Um momento significativo
- Detalhes específicos

Vamos analisar cada um deles para garantir que entendemos, porque, assim que os dominarmos, estaremos em nossa jornada à terra prometida da história.

Personagens Identificáveis

Se já leu algum livro sobre storytelling, provavelmente viu o termo "herói". Se este é seu primeiro livro de storytelling, você provavelmente viu mensagens motivacionais no Instagram lhe dizendo para "ser o herói de sua própria história". E, sim, embora a ideia do herói seja clássica, quando falamos de contar histórias nos negócios, acho esse termo extremo, intimidador e um tanto confuso. A palavra *herói* sugere que você precisa ter feito algo épico (ou pelo menos vestir uma fantasia chique e ter cachinhos) para ter uma história para contar. Isso não poderia estar mais longe da verdade.

Toda história precisa de algo bem mais simples do que isso.

Não precisamos de um herói. Precisamos de um personagem identificável. Alguém com quem nos importamos e conectamos.

Para deixar claro, um personagem não é o nome da empresa. Não é um valor por quem alguém se comprometeria. Não é nem uma massa de pessoas ou um pequeno grupo delas. Uma pessoa precisa de um indivíduo ou vários deles, personagens separados com os quais possamos nos conectar e identificar.

Em "Amor de Cachorrinhos", há muitos deles, animais e humanos. É fácil se importar com cachorrinhos. Um homem que se importa com um cachorrinho? Sim, gostamos desse personagem. Um cavalo enorme, poderoso, que faz amizade com um cachorrinho minúsculo? Sim.

Seu software? Não. Seu sabonete? Não.

Seu widget, serviço ou bugiganga? Não.

A menos que os transforme em personagens, como M&M's, são apenas produtos. Precisamos de um personagem. Não um herói. Um personagem identificável.

Emoção Autêntica

Outro componente que acreditávamos que seria essencial era a presença da emoção autêntica. Uma lista de eventos não faz com que uma história seja ótima. Uma linha do tempo estática não é uma história. A emoção não tem que ser muito dramática; pode ser simples ou comum, como frustração, admiração ou curiosidade. Mas precisa estar presente.

Além disso, e para esclarecer, a emoção não se refere ao que o receptor das histórias sente, mas a emoção sentida pelos personagens ou inerente às circunstâncias da história. É por meio dessa emoção que o receptor sente empatia pela história. Se não há emoção, não há empatia; sem empatia, há um impacto reduzido da mensagem.

Essa era nossa hipótese.

Um Momento Significativo

O terceiro componente de uma história eficaz é um momento. Um ponto específico no espaço, tempo ou circunstância que tira a história do resto de nossa existência. É uma maneira de pegar o que poderia ser uma descrição ampla e genérica e dar um zoom para que o público possa ter uma vista melhor.

Falando de outra maneira, lembra dos mapas? Se havia uma cidade grande em que muita coisa acontecia, o mapa geralmente incluía algumas bolinhas, porções ampliadas de um espaço que, do contrário, ficaria disperso. É isso que um momento faz para a história. Foca uma parte específica de uma experiência ou ideia que estaria dispersa. Em vez de termos grandeza e generalidade, precisamos ser pequenos e detalhados.

Por exemplo, eu recentemente estava trabalhando com executivos de uma escola particular em Nova York que estavam tentando se diferenciar no ambiente educacional mais competitivo conhecido pelo homem (meus filhos estudam em Nova York. Tenho coceira só de escrever isso). Eles queriam criar uma mensagem sobre a abertura de uma nova sede internacional de sua escola na América do Sul. Quando começamos, suas histórias incluíam frases como "Foi tão incrível ver as crianças vivenciando uma cultura diferente..." e "Não tinha visto nada igual...". E então eles pararam. Aquela era a história, basicamente o mapa inteiro. E como não havia zoom em nada, em nenhum momento ampliado, ela seria esquecida.

Para consertar isso, arrumamos a linguagem e esclarecemos alguns momentos. Em vez de falar em termos gerais, cada um focou um incidente que havia testemunhado de um aluno imerso em outra cultura. Para um executivo, foi durante o almoço no refeitório. O executivo expandiu o momento e descreveu quando viu as crianças experimentarem novas comidas e rirem juntas quando um molho era muito apimentado para as visitantes. Para outro, foi assistir às crianças norte-americanas negociarem a brincadeira no playground. Para outro, foi passar pelas portas da escola na manhã da primeira segunda-feira e observar o cheiro diferente do pátio. Dar um zoom no ato de passar pelas portas foi o que separava o momento de uma discussão genérica sobre estar na escola. Cada um desses momentos serviu para estreitar o foco. De lá, eles podiam expandir a experiência em um sentido geral, mas a clareza do momento era crucial para a eficácia da história.

Com frequência, as mensagens que pretendem ser histórias erram ao serem muito vagas, de alto nível, muito amplas, muito generalistas. Para que uma história seja tocante, deve incluir um momento específico no tempo ou espaço físico. Esse componente, junto com o quarto, que discutiremos a seguir, ativa o que eu chamo de processo cocriativo. Em que os ouvintes ativamente se envolvem para criar uma versão da história em sua cabeça e, ao fazê-la, a história é lembrada por mais tempo.

Detalhes Específicos

O componente de detalhes específicos envolve o uso de detalhes específicos, descritivos e algumas vezes inesperados que são relevantes ao público desejado em uma tentativa de criar e levar os ouvintes a um mundo que pareça similar ao deles mesmos. Quanto mais detalhado, melhor.

As histórias mais fortes e que mais colam são as que dominam esse componente final. Usar detalhes específicos em uma história é uma maneira de ilustrar quão bem o contador conhece o público. Se, por exemplo, você está contando uma história para um público de 1980, um detalhe poderia ser uma caixa de som. Se estiver contando uma história para um público com muitos pais, um detalhe poderia ser a dificuldade de colocar um carrinho de bebê no porta-malas do carro. Cada uso de um detalhe sinaliza ao público quão profundamente o contador os entende e cria uma conexão forte entre o público, o contador e a mensagem.

Um podcast recente da NPR foi sobre o trabalho e o legado do gênio do marketing Tom Burrell. Em 1971, Burrell fundou uma das primeiras agências de anúncios com pessoas negras e mudou o pensamento do mundo sobre propaganda com este slogan: As pessoas negras não são pessoas brancas de pele escura.[11]

Não era incomum naquela época filmar duas versões de um comercial, uma para o público branco e um para o público negro. Mas, em vez de desenvolver um roteiro único para cada uma delas, escreveriam apenas um e filmariam uma versão branca com atores brancos para o público branco e uma versão negra com atores negros para o público negro, ignorando completamente as nuances culturais que não se traduziam de uma versão para a outra. Os comerciais sempre perdiam o ponto.

Burrell foi o pioneiro em trabalhar com anúncios que reescreviam os roteiros para que eles fossem familiares, relevantes e críveis aos expectadores afro-americanos. O homem da Marlboro não era apenas um cowboy em campo aberto, mas um homem negro usando um suéter em um centro urbano, e o anúncio obteve uma resposta imensa. O trabalho de Burrell era inovador e um exemplo perfeito da importância de usar detalhes específicos como forma de se conectar com o público-alvo, criando cenas e cenários familiares a eles.

Os detalhes específicos mexem com a imaginação do público. Esse componente faz com que o público entre mais fundo no mundo da história, um mundo que, se feito corretamente, parecerá familiar.

A execução desse componente final é um sinal de um contador de histórias magistral. Por exemplo, a Michelle Obama pode agradecer ao componente de detalhes específicos no discurso da vida dela na Convenção Nacional Democrata de 2016. Tirando a política, o que deixou o discurso da ex-primeira dama tão poderoso foi o uso da história e, o que é mais importante, seu uso magistral de detalhes específicos para capturar os norte-americanos e deixar sua mensagem em sua psiquê.

A história começou com força total quando, aos 1'16", a ex-primeira dama usou o componente do momento para levar seu público para um tempo muito específico: "Uma jornada que começou logo que chegamos em Washington. Quando elas se arrumavam para o primeiro dia na nova escola. Nunca me esquecerei daquela manhã de inverno."

Então incluiu alguns detalhes de suas filhas saindo para o primeiro dia: "Vi os rostinhos delas pressionados contra a janela."

E foi isso. Enviar seu filho para a escola pela primeira vez é um momento cheio de emoção, um momento que provavelmente vai grudar na memória se você tem filhos. Quer os tenha colocado em um ônibus ou levado você mesmo, provavelmente observou os "rostinhos" de seus filhos e viu sua vida correr diante de seus olhos.

Não tem filhos? Não se preocupe. Você sem dúvida se lembra da primeira vez que estava saindo para fazer algo novo e consegue corresponder à emoção. Em quaisquer dos casos, ao escolher um detalhe com que muitas pessoas no público poderiam se relacionar, Michelle Obama fez com que todos sentissem a mesma emoção. Com aqueles poucos detalhes familiares, comandou a sala e o país.

Colocando a História à Prova

Uma vez que nossa equipe tinha esses quatro componentes, administramos meticulosamente uma pesquisa online nacional com 1.648 pessoas, gerenciada pela Edison Research. Quem respondeu, e todos tinham filhos, recebia duas mensagens: uma genérica sobre um brinquedo chamado Builder.co e uma versão aleatoriamente selecionada sobre o mesmo brinquedo que incluía um, dois, três ou os quatro componentes já listados. Além disso, a ordem em que as duas mensagens, genérica ou historiada, apareciam mudava para combater os vieses de recência e latência.

Depois de ler cada uma, os participantes classificavam o quão convincente acharam a mensagem. Então lhes era pedido que escolhessem quais das mensagens achavam mais convincente, mais agradável, mais memorável, mais persuasiva e mais cativante.

Devo admitir, quando a pesquisa foi lançada, senti um desconforto e lembrei da defesa da minha dissertação. Nossa hipótese se sustentaria? É realmente isso que faz uma ótima história?

Também vou admitir que houve celebração quando os resultados chegaram com um "sim" ensurdecedor. Em todos os casos, mesmo se a mensagem continha apenas um dos componentes, era melhor do que sem nenhum deles. Além disso, quanto mais componentes em uma mensagem, mais a história se tornava atraente. Sessenta e três por cento dos participantes que receberam ambas as mensagens disseram que a história com os quatro componentes era mais atraente, divertida, memorável, persuasiva e cativante do que a mensagem sem nenhum dos componentes, o que, incidentalmente, era uma mensagem que parecia muito com as mensagens das marcas que nos acostumamos a ouvir.

Esses resultados deveriam ser particularmente animadores para você. Assim, claro, se conhece Jake Scott, tem US$4 milhões e consegue acesso às melhores agências de publicidade, adestradores de cães e de cavalos, talvez essa descoberta não importe tanto assim para você. Você pode, provavelmente, pagar para outra pessoa entender de história.

Mas e se você não tiver essas coisas? Como criar uma mensagem digna do Super Bowl?

Bem, agora você já sabe. A razão do anúncio da Budweiser ter se dado tão bem, de acordo com especialistas e explicado por nossa pesquisa, tinha mais a ver com a história do que qualquer outra coisa. E a história não custa nada. Simplesmente requer alguns componentes-chave.

O que você tem agora é uma simples lista do que sua história precisa. Não são necessários milhões de dólares. Não é necessário um conflito exorbitante ou uma jornada complicada (a história do Builder.co era sobre um pai que queria poder passar mais tempo de qualidade com seus filhos). Você só precisa de um personagem, alguma emoção, um momento e um detalhe ou outro para criar um senso de familiaridade e 63% das pessoas acharão sua mensagem mais convincente do que sem esses elementos.

Agora que você conhece os componentes essenciais e comprovados do que faz com que uma história seja ótima, o que resta é unir os componentes de certa forma. Eu o ajudo também aqui e, como sempre, será simples.

A Estrutura do Contador de Histórias

"Uma história tem início, meio e fim". Ainda ouço a Mrs. Carlson, minha professora do terceiro ano, falando na frente da sala. Ela estava dando uma das primeiras tarefas de escrita de que posso me lembrar. Depois escrevi alguma coisa sobre uma zebra e parece que esse caderno ainda existe. Quem poderia imaginar que minha aula de redação do terceiro ano ainda estaria comigo até hoje? E a Mrs. Carlson não estava errada. Começo, meio e fim são os blocos de qualquer história e as histórias de negócios não são diferentes. Mas há uma maneira mais descritiva de abordar esses três atos literários. Afinal de contas, não estamos mais no terceiro ano. De agora em diante, vamos pensar neles como *normal, explosão, novo normal*.

Da primeira vez que ouvi uma história sendo descrita dessa maneira, eu estava numa jornada de storytelling com meu contador de histórias preferido, Donald Davis. Quando ele lançou esse trabalho pioneiro, ou algo muito similar, senti como se todas as histórias que eu vivi ou contei fizessem sentido. Ele deu palavras ao que meu coração de contadora de histórias sempre soube, mas nunca conseguiu expressar. Pode parecer piegas, como uma história de amor brega, mas é verdade. Essa estrutura simples influenciou toda história que eu contei antes ou que trabalhei depois e espero que faça o mesmo com você.

Vamos dar uma olhadinha em cada umas dessas peças de história que formam a estrutura de storytelling de Steller.

Normal

Uma história ruim tem uma única característica definidora: não nos importamos. Mesmo as cores mais brilhantes, os maiores orçamentos ou os filhotinhos mais fofos não fazem com que nos importemos. Elas podem ter nossa atenção, mas não nos fazem investir emocionalmente. Não podem influenciar e transformar. Felizmente, na maioria das vezes, a causa dessa desconexão é um único erro: eliminar a primeira parte da história. O normal.

Por exemplo, é por isso que podemos assistir às notícias todos os dias sem nos debulhar em lágrimas. As notícias geralmente começam no meio da história — o assalto, o incêndio, o acidente de carro. Embora todas as situações sejam dignas de lágrimas, a televisão não tem tempo de nos contar nada sobre as pessoas (personagens identificáveis). Não sabemos quem são as pessoas. Não sabemos em quais emoções estavam pensando, quais esperavam ou sentiam antes da tragédia. Não sabemos nada sobre elas, então não nos importamos.

Para contar uma boa história, com a qual nosso público se importará e na qual investirá, você tem que começar estrategicamente estabelecendo o normal. Como as coisas eram antes de algo mudar. É no normal que você toma um tempinho para incluir os componentes-chave da história: apresenta os personagens identificáveis e suas emoções. Também é onde se inclui alguns detalhes que criam um senso de familiaridade para o público, fazendo com que eles se envolvam. Eles abaixam as guardas. Se colocam no lugar do personagem.

Se feito do jeito certo, ao longo do normal, o público está dizendo: "Reconheço essa pessoa. Sim, entendo o que é isso. Sim, sei que se sentiriam assim." O cara no avião que esqueceu os óculos. O casal se apaixonando. Um jovem, futuro presidente dos Estados Unidos, charmoso, que tinha que ter aquela colônia francesa maravilhosa. Falaremos mais sobre o normal no livro, mas por ora saiba que essa é a parte mais importante da história. É no normal que você inclui os componentes. É no normal que você dá ao público um motivo para se importar. O normal é a parte que as pessoas geralmente deixam de fora, por isso suas histórias não colam.

Explosão

Admito, a palavra *explosão* é um pouco agressiva. Implica sangue ou ferimento ou incêndio. Não é necessariamente o caso em sua história. A explosão, para nossos propósitos, é simplesmente o acontecimento. Pode ser algo grande ou pequeno, uma coisa boa ou ruim. Mas o mais importante é que é o momento em que as coisas mudam. Talvez seja uma realização ou uma decisão. Pode ser um evento real. O que quer que seja, a explosão é o ponto na história em que as coisas estavam seguindo no normal e de repente estão diferentes. Um diferente bom ou ruim, não importa.

Por ora, lembre-se:

Normal: As coisas são como são.
Explosão: Algo acontece.
Novo Normal: As coisas são diferentes.

Novo Normal

A terceira e última fase é o novo normal. É aqui que você compartilha com seu público como a vida está agora, depois da explosão. Você conta o que sabe agora, porque você está mais sábio, mais forte ou como melhorou (ou ainda está tentando melhorar). Pode ser uma moral. Pode ser quando um cliente viveu feliz para sempre depois de usar seu produto ou serviço. Pode incluir uma chamada à ação. O que quer que seja, é por causa do novo normal que o storytelling funciona como uma estratégia de transmitir ou melhorar uma mensagem e não apenas entreter. O novo normal faz com que uma história seja digna de ser ouvida nos negócios.

Apenas o Começo...

Então filhotinhos fofos e diretores talentosos não garantem ótimas histórias. Apesar do que alguns podem lhe falar, uma missão não é uma história. Uma marca não é uma história. Jargão de marketing não é história. Além disso, uma história não tem que ser complicada. Inclua alguns personagens, faça um cenário usando um determinado momento com detalhes específicos e as emoções envolvidas e está no caminho para o sucesso.

A próxima pergunta é, claro, quais histórias deveria usar? Há infinitas histórias. Onde começar?

Há quatro tipos-chave de histórias que aparecem inúmeras vezes nos negócios. São as histórias que ilustram não somente o que você oferece, mas por que e como. Não importa qual o vão em seus negócios, uma dessas quatro histórias será a ponte que precisa.

Algumas vezes, a melhor maneira de aprender a contar uma ótima história é ver outras pessoas no trabalho. Cada uma das quatro histórias essenciais a seguir tem personagens e seu público. Cada uma tem um propósito nos negócios. Você não precisa criar todas elas de uma vez só. Mas, quando pensamos no universo infinito de contos possíveis, entender os quatro tipos de histórias de negócios o ajudará a decidir não somente quais contar, mas como contá-las da melhor maneira.

Será o que abordaremos a seguir.

PARTE DOIS

As Quatro Histórias Essenciais

O Contos Que Todo Negócio
Precisa Contar

CAPÍTULO QUATRO

A História do Valor

Como o Storytelling Impulsiona Vendas e Marketing

O marketing não tem mais a ver com o que você faz, mas com as histórias que você conta.
—Seth Godin, Autor e Empresário

A equipe de vendas da Workiva tinha uma vantagem sobre a concorrência. O tipo de vantagem que significava que, na verdade, não tinha competição.

A solução que ofereciam a seus clientes não tinha precedentes: era a melhor em exatidão e simplicidade e permitia uma eficácia que eliminava horas, até mesmo dias, dos processos que empatavam mesmo as melhores e mais brilhantes mentes da *Fortune* 100. Basicamente, a Workiva poupava às empresas constrangimentos de erros gigantes, economizava milhões de dólares para elas e oferecia soluções que mudavam a vida das pessoas.

Então você acha que dizer sim à Workiva não seria difícil.

Claro, dã.

E ainda assim a Workiva tinha tanta dificuldade quanto qualquer outra pessoa para criar uma ponte forte o suficiente para os clientes dizerem sim. Não porque a Workiva não conseguia entregar resultados. Eles podiam. E a longa lista de convertidos e pontuação impecável de satisfação do cliente foram provas disso. Mas, mesmo depois de a equipe de vendas argumentar a venda com tomadores de decisão, mesmo depois de demonstrar cada característica transformadora, ainda assim havia um elefante na sala com frequência.

A relutância diante da mudança.

Acontece que o maior concorrente da Workiva não era outra empresa ou produto, era o status quo. Claro, a plataforma deles podia ser mais eficiente e eficaz, mas não conseguiam superar a natureza humana — a que diz que o que você conhece é melhor do que o que você não conhece.

Com o fardo de um senso inegável de que a maneira como estavam comunicando seus valores não era o suficiente, eles estavam determinados a encontrar uma forma melhor. O plano da Workiva? Mudar o foco de recursos e benefícios para histórias.

Em vez de usar mais dados para apoiar o que diziam — eles já forneciam mais dados do que até mesmo o mais maníaco por dados poderia suportar —, contariam histórias que tocavam no tendão de Aquiles dos problemas atuais. Contariam histórias que destacavam as implicações na vida real da ineficiência e imprecisão. Eles tinham essas histórias, apenas não sabiam contar. E isso estava prestes a mudar.

Tive a honra de trabalhar com a excepcional equipe da Workiva para ajudá-los a dar vida a seu real valor por meio das histórias e as que eles encontraram eram tão marcantes quanto o produto que vendiam.

A História do Valor

Uma história foi criada para ilustrar o valor de determinado recurso de um produto que garantia a consistência dos dados em documentos críticos, o que, antes da Workiva, somente era possível com horas e horas de verificação e reverificação manual. Os contadores odiavam o processo porque sugava a vida deles e basicamente significava que eles tinham que sacrificar todas as paixões e compromissos que não tinham a ver com o trabalho. As empresas odiavam porque não tinham escolha a não ser pagar por horas e horas e horas de retrocesso e retrabalho que deveria ter tomado apenas uma fração do tempo e do custo do pagamento.

Novamente, a solução da Workiva não parecia um bicho de sete cabeças. E ainda assim a lógica não estava fazendo o seu trabalho. Então, em vez disso, eles aprenderam a contar uma história: um cliente de relações com investidores que, sem querer ficar preso a um corpo de um pai de meia idade para sempre, resolveu focar em ser fitness. E não só fitness. Sendo um homem levado por objetivos, decidiu ser triatleta.

Ah, o triátlon. Muito mais do que sua prima, a maratona, que envolve apenas a corrida, o triátlon é o maior teste de fitness. Natação, bicicleta, corrida. Todos os três componentes requerem sua própria preparação, equipamento e planejamento, o que significa que decidir participar de um triátlon instantaneamente exige um imenso comprometimento. E não apenas físico, mas um tempo significativo. É basicamente um segundo emprego. E, embora o pagamento não seja ótimo, os benefícios (e direitos para se gabar) podem ser incríveis.

O executivo de relações com investidores sabia disso e não tinha medo. Comprou uma bicicleta fenomenal, tênis de corrida de elite e se inscreveu em uma academia chique com uma piscina olímpica. Ele era metódico quanto ao treinamento tanto quanto era com seu trabalho nos relatórios de dados. Ele usava uma planilha para registrar quantos metros nadou e os quilômetros corridos e pedalados. Ele tinha tudo planejado. Chegava na academia para nadar antes do trabalho e depois corria ou pedalava ao sair do escritório.

Mas, então, veio o fechamento do trimestre e esse executivo era responsável por obter os dados financeiros de uma equipe e incorporá-los em seus slides e relatórios. Ele se reunia com a outra equipe trimestralmente. Eles se sentavam em uma sala de conferências e meticulosamente atualizavam os números para garantir, sem sombra de dúvidas, que os dados que ele estava usando fossem os mais específicos possível.

É claro, como o dia de todo mundo já estava cheio com o restante do trabalho que deveriam fazer, essas reuniões extras tinham que acontecer antes do horário comercial (e lá se vai o tempo de natação) ou depois (adeus corrida). Apesar de seus melhores esforços e de suas planilhas de treinamento impecáveis, o cara se via forçado a deixar a bicicleta parada e o contador de passos no carro e, em vez de treinar, ir para uma sala de conferências com luz fluorescente para se reunir, mais uma vez, com a equipe financeira.

Infelizmente, com tantas sessões de treinamento puladas, e sem tempo para repor o tempo perdido, o homem teve que desistir do triátlon em que estava tão animado para competir. De coração partido e frustrado, o homem se perguntava se algum dia teria tempo o suficiente para atingir seu objetivo.

Tudo mudou no dia em que sua empresa começou a usar a plataforma da Workiva. Agora, seus relatórios e slides estavam conectados aos da equipe, o que significava que, sempre que um número mudava, seus relatórios eram atualizados automaticamente. Chega de rechecar duas, três vezes. Chega de reuniões antes e depois do trabalho. O que é mais importante, chega de se estressar com relação à consistência dos dados, porque os números já estavam certos. Sempre. Tudo estava feito para ele e com mais precisão do que se tivessem feito manualmente.

A empresa não somente obteve relatórios melhores, mas aumentou a satisfação dos colaboradores. Afinal de contas, que empregado gosta de gastar tempo com ineficiência? A equipe de relatórios não tinha que gastar tempo refazendo contas e agora os executivos podiam passar seu tempo precioso antes e depois do trabalho nadando, pedalando e correndo para que o "corpinho de papai" desaparecesse.

Dois trimestres depois, o executivo completou seu primeiro triátlon — com o pessoal da equipe de relatórios lá para torcer por ele.

Equipados com essa história, o que costumava ser uma lista na apresentação da Workiva agora era um momento emotivo em sua jornada de valor. O que antes poderia ser ignorado, seja pela equipe da Workiva que apresentava ou pelos potenciais clientes que, Deus me perdoe, tinham se desligado como as pessoas tendem a fazer em reuniões, agora estava sendo escutado em um momento mais envolvente, agradável e (significativamente) relevante que demonstrava perfeitamente o quão valiosa era uma solução como essa, não somente para o resultado, não somente por responsabilidades fiscais, mas para as pessoas que fazem com que uma organização funcione.

A História de Valor

Este é o primeiro vão nos negócios: o valor.

O vão entre o problema e o valor da solução.

O vão entre o produto e o valor ao cliente.

O vão mais importante que cada negócio deve superar é o que eles oferecem e as pessoas que, saibam ou não, precisam disso. Para capturar a atenção de quem vai comprar, convencê-los de que, sim, essa é a solução e, por fim, transformá-los em constantes usuários, clientes, compradores, adeptos. Quando falamos de vendas e marketing, a *história de valor* é a rainha. E o valor de uma história de valor começa na psicologia e se expande para todo o espectro do porquê dizemos sim.

A Tentação da Informação

O desafio que a Workiva enfrentava — o que todos nós enfrentamos — era resistir à tentação de tentar fechar os vãos com coisas como recursos e funções ou capacidade e tecnologias avançadas. Ninguém está imune à tentação de complicar a jornada pelo vão de valor. Nem a sorveteria local.

Quando tirei férias na praia com minha família recentemente, como a maioria das férias na praia pedem, paramos na sorveteria a caminho de casa depois do jantar. Tínhamos ido lá muitas vezes e sempre estava lotada com fila do lado de fora. Mas o que era um caos de férias de verão tipicamente alegre tinha um tom diferente nessa viagem. As pessoas pareciam agitadas, impacientes e havia notadamente mais pais falando grosso com os filhos. Quando finalmente dobramos a esquina, entendi o porquê.

Em vez de agrados coloridos na vitrine com pedaços de frutas ou chocolate para corresponder aos sabores que se espera de uma sorveteria, havia duas fileiras de tampas de metal em cima do que se esperava que fossem baldes de sorvete. Adeus ao luxo de escolher o marrom ou o rosa ou o verde pálido com pedaços de pistache; agora você tinha que ler os sabores em uma lista na parede atrás da equipe de atendentes.

Passar os olhos por uma variedade de cores bonitas e frutas e escolher o sabor que parece mais delicioso: fácil.

Ler os sabores em uma lista, mentalmente comparar cada opção, avaliar logicamente qual pode ter o melhor sabor: difícil.

Some a isso o desafio adicional de ler os sabores para as crianças que não sabem ler e repeti-los para que a criança possa processar 15 sabores diferentes de uma lista, a dificuldade era imensa. Em apenas cinco minutos na loja, ouvi três grupos de pais agitados ameaçarem seus filhos que, se eles não se decidissem, não ganhariam nenhum (talvez eu tenha sido uma delas, quem sabe).

Embora mais informações possa parecer deixar ainda mais óbvia uma decisão óbvia, a realidade é que essa abordagem dificulta o que seria um sim. E, enquanto mais dados ou detalhes ou explanações lógicas são o que o público espera que você diga, se seu objetivo é convencê-los do valor que está ofertando, os fatos podem fazer mais mal do que bem. Por quê? Porque simplesmente fazem nosso cérebro trabalhar mais do que precisam ou querem.

Um Cérebro, Dois Sistemas

Em seu best-seller do *New York Times*, *Rápido e Devagar*, o vencedor do Prêmio Nobel de economia em 2002, Daniel Kahneman, discute em muitos detalhes o que ele chama de dois sistemas do cérebro: Sistema 1 e Sistema 2.

O Sistema 1 "opera automática e rapidamente com pouco ou nenhum esforço e sem senso de controle voluntário".[1] Ele é responsável pelas respostas automáticas a perguntas como: "Quanto é 2+2?" Esse primeiro sistema é a razão pela qual olhamos para o céu quando ouvimos um trovão ou um avião e não para o chão. Com base em dicas de vida, o Sistema 1 nos permite pegar a informação, assimilar e julgar, simultaneamente e sem esforços. Erramos às vezes? Claro. Por exemplo, quantos de cada animal Moisés levou para a arca? O Sistema 1 diz dois. É claro, está incorreto. O Moisés gostava mais de matos queimando. Noé foi o cara da arca.

É aí que o Sistema 2 entra em cena. Ele "aloca atenção às atividades mentais que requerem esforços, incluindo contas complexas. As operações do Sistema 2 são geralmente associadas com a experiência subjetiva do agente, escolha e concentração".[2] Ufa. Se você ficou tão cansado quanto eu lendo isso, significa que seu Sistema 2 estava trabalhado. Ele requer concentração e esforço. O Sistema 2 processa novas informações, e se envolve quando o Sistema 1 determina que o problema é muito complexo.

Em outras palavras, o Sistema 1 é caracterizado pela *facilidade cognitiva* enquanto o Sistema 2 envolve *tensão cognitiva.*

Leia essa frase de novo. Facilidade cognitiva versus tensão cognitiva.

Se, como no caso da Workiva, o valor do que você tem a oferecer é relativamente óbvio, se você acreditar (tenho certeza que acredita) que seu produto ou serviço fará uma diferença positiva na vida de seus consumidores e a decisão deveria ser fácil, então por que quer envolver o Sistema 2 e causar tensão cognitiva?!

Uma abordagem usando o Sistema 2 pode arruinar uma experiência que seria incrível, como aprendi naquele fatídico dia na sorveteria. A única redenção do sequestro do Sistema 2 daquele dia foi que eu tinha acabado de ler a seção da facilidade cognitiva do livro de Kahneman e soube imediatamente o que estava acontecendo. Tive a experiência em primeira mão de como é importante as empresas, marcas e empresários em geral manterem as pessoas no Sistema 1. Quanto a criar mensagens persuasivas, Kahneman disse: "O princípio geral é de que tudo o que você pode fazer para reduzir a tensão cognitiva ajuda."[3] Mesmo que sua mensagem seja verdadeira, se não for fácil de acreditar e aceitar como verdade com o Sistema 1, o público recorrerá ao Sistema 2. E, quando este está envolvido, a probabilidade de tensão cognitiva, seguida de frustração e agitação aumenta enormemente.

Listas são iscas para o Sistema 2.

Marcadores de listas são iscas para o Sistema 2.

Comparações de preço são iscas para o Sistema 2.

Recursos são iscas para o Sistema 2.

Benefícios são iscas para o Sistema 2.

É claro, no caso da sorveteria, não era um problema de história de valor versus história sem valor. Mas quer você esteja no ramo de doces, carros usados, imóveis de luxo ou venda de medicamentos, quando se trata de comunicar o valor do que você oferece, você tem uma escolha. Lógica ou senso comum. Tensão ou facilidade. Informação ou história.

A história de valor habilita o Sistema 1 a fazer o que sabe melhor: seguir o fluxo, aceitar a história contada e não incomodar o Sistema 2, que tende a cansar as pessoas e deixá-las carrancudas. A história é a linguagem do amor do Sistema 1, e a história de valor é a melhor ponte para levar seus consumidores e colaboradores dos fatos aos sentimentos. E não só isso, a pesquisadora de marketing Jennifer Edson Escala, da Vanderbilt University, descobriu que o público respondia mais positivamente e aceitava ideias mais prontamente quando apresentadas em formato de histórias.[4] Além de simplesmente serem envolventes, as histórias fazem com que o cérebro seja mais aberto ao que você está oferecendo.

Por exemplo, já esteve em um voo que terminou com uma apresentação de venda de cartão de crédito? Eu voo muito e, infalivelmente, cerca de 40 minutos antes de aterrissar, a comissária faz um anúncio especial para "apenas esse voo". Surpresa, é uma apresentação de venda que fazem de seu cartão de crédito em todos os voos. A comissária lista taxas de interesse e taxas anuais e franquia de bagagem e quantas milhas você tem (geralmente 60 mil, o que é suficiente para blá-blá-blá). Em um voo recente de Dalas a Orlando, olhei pelo avião durante o comercial do cartão de crédito e ninguém nem olhou pra cima, muito menos ouviu.

Quando a comissária termina, fico tentada a levantar e pedir o microfone. Já me inscrevi para um desses cartões e obtive muito mais do que franquia extra de bagagem.

Contaria ao meus colegas passageiros a história da viagem pela Europa que pude fazer com meu marido e como as milhas do cartão me permitiram fazer um upgrade da classe executiva para a primeira classe inesperadamente. Nunca me esquecerei do momento em que a comissária levou meu marido ao assento dele — uma cadeira completamente reclinável. Michael olhou para mim em descrença e entusiasmo. Nunca havíamos viajado em tal luxo antes, e a felicidade que senti ao poder dar a ele aquela surpresa foi impagável. Aquele cartão e aquelas milhas extras nos deram uma memória que vou guardar para sempre e deixou aquelas férias inesquecíveis ainda melhores.

Não consigo não pensar se mais pessoas estariam abertas ao que a companhia aérea estava oferecendo, mais dispostas a dizer sim, e se inscreveriam se escutassem essa história. Ou *qualquer* história do tipo. Aposto que sim. Se fosse uma história, as pessoas olhariam. Se tivessem personagens, emoções e detalhes, as pessoas imaginariam si mesmas, e seus entes queridos, na mesma situação. Se houvesse um momento específico, como subir no avião, as pessoas se envolveriam no processo cocriativo. E, se esses componentes estivessem todos reunidos em um formato normal-explosão-novo normal, assim que a história chegasse ao fim, os passageiros estariam todos chamando as comissárias, incapazes de resistir ao que elas estavam vendendo.

"É Muito Mais Do Que Isso..."

Quando uma venda não fecha ou uma mensagem de marketing não converte, há um senso de que o verdadeiro valor do produto se perdeu. De que ele vale muito mais do que a mensagem passada. O valor de um programa de perda de peso é maior do que a comida que você deve comprar ou o treinador que você deve contratar. O valor desse programa é calculado pela confiança renovada, pelas paixões perdidas reacesas, pela energia para fazer o que ama.

O valor de um dispositivo de telemedicina avançada representa muito mais do que o custo do equipamento. Seu valor é calculado pela alegria, alívio e tristeza poupada para uma família cujo filho sofreu uma emergência médica em uma parte remota do mundo e sobreviveu porque médicos de alto nível puderam entrar em cena virtualmente.

O valor de uma solução tecnológica baseada em nuvem representa muito mais do que a mensalidade. Não se limita ao tempo que a tecnologia pode poupar. Seu valor, como o sistema que a Workiva oferece, também é medido pelo que as pessoas fazem em suas horas poupadas: competir em triátlons, participar dos jogos dos filhos, realizar sonhos.

Se você representa ou criou um produto, serviço ou empresa e é apaixonado por contar sobre esse produto superior ao mundo, você já disse, ou pensou, estas palavras: "Sim, é um [insira nome do produto/serviço aqui] e faz X, Y, Z, mas é muito mais do que isso." Acontece que, o que geralmente vem em seguida são mais palavras, informações e tentativas de justificar quando a situação requer que sua história de valor ilustre o valor e a utilidade.

Talvez uma das melhores execuções desse "muito mais" tenha sido feita pela Apple nas festas de fim de ano de 2014 com o comercial intitulado "Incompreendido".

O comercial começava com uma música natalina tocando enquanto uma família entrava em um carro em um dia de inverno pesado. Eles saem em uma rua cheia de neve rumo à casa dos avós e são recebidos com doces saudações. É a quintessência da família no Natal, incluindo o adolescente bravo. O jovem descabelado parece não se incomodar com as atividades da família. Ele fica no iPhone durante todo o evento. Abraço do avô? iPhone. Anjos na neve? iPhone. Assar cookies? iPhone. O adolescente parece não se engajar em nada além do que acontece no celular.

Até a manhã de Natal.

A família está reunida na sala, com pijamas e abrindo presentes. A árvore de natal está acesa e a sala cheia de risadas. O adolescente descabelado levanta abruptamente e liga a televisão. A sala fica quieta e confusa. O adolescente conecta o celular a ela e a tela se preenche com um vídeo dos últimos dias. Em vez de estar penetrado em um jogo ou mídia social em seu iPhone, o adolescente estava documentando todas as belas memórias de sua família como presente. Cenas de amor e felicidade surgem na tela. Cada bola de neve jogada, cada sorriso, cada pequeno detalhe foi capturado e preservado para que a família curtisse nos anos seguintes. Sua família está agradecida e lágrimas de felicidade escorrem enquanto assistem. No fim do vídeo, todos dão um abraço coletivo no adolescente.

Um abraço que me faz chorar toda vez.

Um abraço que significou muito mais do que uma lista de recursos significaria.

A Apple tinha uma escolha, assim como todos nós. Uma escolha de simplesmente focar os recursos de um celular. Dá pra imaginar como *aquele* comercial ficaria, porque eles fizeram isso. Uma voz masculina agradável fala sobre as possibilidades de fazer filmes intuitivos com "tudo na palma da sua mão" com os iPhones. A capacidade de edição profissional. A qualidade da foto por causa da tecnologia superior da câmera. O armazenamento excessivo, o que possibilitava salvar esses vídeos. Na tela, veríamos o celular girar em um fundo branco com vários cortes para mostrar os recursos em ação. Seria legal, sem dúvida, mas duvido que teria uma fração do impacto.

Em vez disso, porque a Apple escolheu contar uma história, temos a oportunidade de ver o que o produto poderia significar em nossas vidas. Poderia nos unir. Poderia criar momentos que amamos.

É claro, nem todos amaram esse anúncio. E, quando a Apple ganhou o Emmy em 2014 pelo melhor comercial, as pessoas correram pra contar todos os erros que ele tinha: não havia nenhuma atenção aos recursos do produto, qualquer smartphone pode fazer um filme e outros comentários que demonstram exatamente o que há de errado com o marketing hoje em dia.

Como Ken Segall, ex-diretor criativo da agência de publicidade de Steve Jobs, tão eloquentemente afirma: "Há dezenas de milhões de pessoas que, ao parar para ver esse comercial, secarão uma lágrima de seus olhos. Assim, se sentirão um pouquinho mais conectados à Apple, o que é o propósito desse marketing."[5]

Observe as partes-chave daquela frase: "parar para ver", "secar uma lágrima" e "sentir-se um pouquinho mais conectado à Apple". No momento em que esse anúncio foi ao ar, a Apple estava enfrentando perda de clientes (o fracasso do álbum do U2). A ponte que precisavam construir tinha que ter elementos de cativação e transformação bem fortes para funcionar. Usar muito da influência poderia causar mais problemas. Colocar os recursos em uma história sentimental de um adolescente e sua família tocou as notas certas do valor.

Segall concluiu: "As reações foram radiantes universalmente... [O anúncio] está em perfeito acordo com os valores que a Apple transmite há anos. Não tem a ver com a tecnologia — mas com qualidade de vida."[6]

As pessoas não compram o *objeto*. Elas compram o que ele *fará* por elas. Para isso, você tem que contar uma história.

Essa história é uma história de valor.

Como Fazer a Mudança da História de Valor

Por mais que eu ame o comercial "Incompreendido", ainda assim é da Apple.

Não sei você, mas como leio muitos livros e revistas online sobre negócios, acho os exemplos incessantes da Apple bastante cansativos. Sim, a Apple, uma das maiores empresas do mundo, acertou. Mas e se você não for a Apple? E se você não tiver recursos ilimitados e as agências de publicidade mais brilhantes para criar mensagens de valor para você? Como você faz? Como mudar do foco nos recursos a contar a história dos problemas que esses recursos resolvem?

Pergunta justa que a Chelsea Scholz tinha que responder, porque ela não tinha escolha.

Em 2016, Chelsea enfrentou um dilema em seu papel de estrategista de campanha na Unbounce, uma operação baseada na web que oferece ferramentas para ajudar os profissionais de marketing digital a aumentar as conversões do site e das campanhas. Em português, a Unbounce lhe ajuda a fazer um trabalho melhor no que concerne a fazer com que as pessoas partam para a ação quando visitam seu site, como inscrever-se por e-mail, fazer uma compra ou testar um produto. Quando alguém age, é convertido de um visitante online para alguém engajado com seu trabalho de maneira real, tangível.

A conversão é importante. Diferentemente de um anúncio no Super Bowl, em que é notoriamente difícil registrar a conversão, a conversão em um site é satisfatoriamente mensurável. Por mais controverso que possa parecer, a maioria das pessoas que visita um site carrega informações consigo como, por exemplo, dados demográficos e a tecnologia usada para os hábitos de compra e livros favoritos.

Os dados são essencialmente oxigênio para os profissionais de marketing da internet. Todo visitante é rastreado, cada ação é gravada, cada venda é direcionada de volta à sua fonte. Talvez não haja marketing mais quantificável do que o online.

A mesma força, no entanto, pode desenvolver um tendão de Aquiles. Com o tempo, essa força levou muitos negócios online a ficarem obcecados por dados e se esquecerem que há seres humanos reais por trás deles. Esse foi o primeiro dos dilemas de Chelsea. Ela disse: "Na Unbounce, estávamos muito direcionados por dados há dezoito meses. Tudo o que produzíamos era direcionado por KPIs [key performance indicators] e objetivos, e parecia que estávamos em um reino em que falávamos das pessoas e não *com* as pessoas."

Esse dilema não era só da Unbounce. Ele permeia o mundo do marketing como um todo, um dilema que eu, inadvertidamente, esbarrei em setembro de 2015 — a primeira vez que fiz uma palestra em uma conferência de marketing digital.

Por volta de 350 das mentes mais brilhantes em marketing online, de conteúdo e de otimização de motores de busca tinham se reunido para uma conferência de dois dias cheia de palestras altamente técnicas sobre, hmm, nem sei dizer, era técnico *assim*. Lembro dos apresentadores falando sobre personas e retargeting e... Me perdi depois disso. Estava tão perdida que voltei para meu quarto e considerei falar para os organizadores do evento que tive uma emergência familiar e não poderia fazer a apresentação. O desejo de fugir ficou mais intenso quando, como "fechamento do primeiro dia", o evento pediu para todos os palestrantes subirem ao palco para dar um conselho digital. Ficamos em fila no palco e, quando chegou a minha vez, murmurei algo sobre pessoas e histórias. A sala ficou em silêncio e 350 pares de olhos me encararam e depois olharam uns para os outros. Todos pareciam perguntar: Do que ela tá falando?

Adoraria dizer que a estranheza foi imaginação — e honestamente era o que eu esperava —, mas era real e foi confirmada por vários participantes bem-intencionados na socialização do fim do dia. "Ah... tenho certeza de que ficará bem", me confortavam enquanto comiam churrasco havaiano em forma de cursor.

Na manhã seguinte, decidi enfrentar meus medos e falar. Além disso, pensei, julgando a quantidade que as pessoas tinham bebido na noite anterior, eles provavelmente não apareceriam para a primeira palestra que, claro, era a minha.

Estava errada.

Quando deu 9 horas, a sala estava lotada. Afinal de contas, tinham pagado muito caro para estar ali. Ou talvez, como quando passamos por um acidente na rodovia, queriam ver com os próprios olhos como seria essa desgraça. De qualquer forma, tinha um trabalho a fazer. Então contei aos profissionais de marketing digital uma história e ensinei a eles a arte do storytelling. Para minha surpresa — e de todo mundo, de acordo com tweets como "Quem poderia pensar que a contadora de histórias seria a melhor palestrante do evento?!" (obrigada, cara) —, valeu a pena participar da sessão.

É claro, eu gostaria dos créditos e de acreditar que foram minhas habilidades de oratória que arrasaram, mas sabia que havia algo muito maior em jogo. Elas eram pessoas brilhantes e muito boas no que faziam. Mas, à medida que os dados aumentam e as métricas ficam mais rastreáveis, é fácil ser absorvido pela parte analítica disso tudo e, no processo, esquecer de que do outro lado dos indicadores estão pessoas.

Uma pessoa com um problema.

Uma pessoa que precisa que você resolva o problema.

Uma pessoa que precisa de uma história para ser cativada, garantir que aquela solução é a correta e torná-la uma pessoa que acredita na marca.

Aquele evento de setembro de 2015 foi o primeiro de muitas apresentações de marketing digital para mim. E porque, sim, *tem* um lugar para os indicadores, fiquei encantada por ter sido classificada como a melhor palestrante. Muitas conferências de marketing digital depois, e sem saber na época, cruzei com a Chelsea da Unbounce.

As preocupações da Chelsea com relação ao marketing da Unbounce estavam aumentando. Era o dilema número um. E, como o destino tem um senso de humor, Chelsea tinha recebido a incumbência de criar um vídeo para explicar aos clientes por que eles deveriam ficam animados com um novo produto chamado Unbounce Convertables.

Convertables era uma ferramenta dentro do criador de página de destino já existente que permitia que os profissionais de marketing digital fizessem muito do trabalho de criar e testar ferramentas de conversão — como pop-ups e barras fixas — sem precisar pedir que um programador o faça. Com quase nenhum conhecimento técnico, em segundos seria possível usar suas ferramentas de conversão online sempre que quisesse medir os resultados. Sem a necessidade de geeks. Para quem está tentado aumentar seus negócios no século 21, o que eles estavam oferecendo era pura magia.

Então, sim, a Convertables era uma ferramenta poderosa cheia de benefícios. Mas havia um problema: a Unbounce ainda não queria falar sobre o que *era* o produto. Até que foi lançado, os detalhes exatos do Convertables eram para ser segredo. Esse era o dilema número dois.

Como era possível a Chelsea falar sobre o conteúdo quando não podia falar sobre, bem, o conteúdo? Como ela podia apresentar um produto se nem podia falar sobre ele?

A Chelsea esbarrou inadvertidamente em um problema e uma solução, que todo mundo podia usar.

Se não pode falar sobre o seu produto nem mostrá-lo a ninguém, o que você poderia dizer aos clientes?

Assim que começa a pensar desse jeito, tudo muda.

Esqueça o Produto, Qual É o Problema?

Ignorar o que seu negócio oferece pode parecer uma heresia para os não iniciados. Mas fazer isso causa uma coisa crítica: o força a focar o consumidor. Se não pode falar sobre seu produto, o que resta? Resposta: as pessoas que o usam.

As pessoas que podem usar seu produto são seus clientes e prospectos. E são humanos, não dados. Isso significa que respondem a histórias.

Chelsea descobriu isso quando começou a lutar com seu dilema. Como ela não podia falar sobre o produto, não havia nada além de falar sobre as pessoas. E ela manteve seu foco nos clientes por tempo o suficiente, então algo surgiu:

clareza sobre o problema deles. Depois de muito ir e vir e pouco progresso, Chelsea finalmente teve a resposta. "Foi um clique", ela disse. "Falar sobre o sofrimento deles em seu próprio marketing. Contar uma história sobre isso. Percebi que tudo o que a gente fazia precisava de uma história com a qual as pessoas pudessem se relacionar. Caso contrário, estaríamos falando apenas com ciborgues e câmaras de eco".

Chelsea estava em um beco sem saída que apenas uma história de valor poderia tirá-la. Mudou o foco para os consumidores em um momento em que a maior tentação era fazer o oposto. E, apesar de não ter facilitado seu trabalho (o storytelling, apesar de ser a melhor escolha, raramente é a mais fácil), estar presa nesse beco sem saída a deixava sem escolhas a não ser abordar a mensagem de maneira diferente e contar uma história.

A História de Valor da Unbounce

O vídeo da Unbounce "You Are a Marketer" [Você É Marqueteiro, em tradução livre] é simples, eficaz e, o melhor de tudo, funcionava.

A história começava com um close em preto e branco de dois olhos inexpressivos. À medida que o narrador fala, descobrimos que os olhos pertencem ao consumidor típico da Unbounce: um profissional de marketing em frente a um notebook. Ele continua inexpressivo e, à medida que a câmera se afasta, os problemas dele são revelados: pouco orçamento, nenhuma experiência técnica, e, mais do que tudo, nenhum poder para assumir o controle do processo de marketing.

Nas palavras da estrutura de storytelling de Steller, esse é o normal para esse cara e é assim que conhecemos sua dor.

A explosão vem quando ele finalmente pisca e ouvimos que a Unbounce vai lançar uma nova ferramenta de conversão. Quando o marketeiro abre os olhos, está em seu novo normal: o mundo está colorido, não preto e branco. Enquanto nos afastamos novamente, ele é um homem mudado, sorrindo e tomando café.

Era simples, barato e funcionava. A Chelsea disse: "Centramos o vídeo naquela pessoa (também conhecida por personagem identificável). Era limpo. Era fácil. E não só passava a mensagem e a publicidade que queríamos, mas resultou em geração de leads *e* novos clientes para nós. E, como eu disse, nem dissemos o que estávamos lançando!"

A história da Unbounce nunca mostra o produto. Na verdade, fora mencionar que um novo produto seria lançado, o anúncio quase nem fala disso.

A cena inteira está focada na pessoa importante (o marketeiro), no problema que ela enfrenta (entender o que fazer quando não há mais ideias) e no final feliz para sempre quando o problema é solucionado.

Para a Unbounce, os resultados da história foram até melhores do que esperavam. O vídeo entregou mais de 1.200 subscritos interessados, mais de 10 vezes o objetivo de Chelsea. E como a Unbounce pode assegurar, endereços de e-mail de pessoas realmente interessadas em seu produto é ouro. Eles convertem, o que é o jargão de marketing digital para *compram*.

Mas Amo Minhas Estatísticas

Vamos pausar um momento, porque acho muito importante que você entenda o quanto eu, amante de histórias, vivo para os dados. Sério. Se fosse escrever meu perfil para um encontro, incluiria o seguinte: "Não me importo se você ama cachorros, mas deve gostar de registrar várias atividades para corroborar a conquista de objetivos específicos." Registro o que como, as horas de qualidade que passo com a minha família e quantas palavras escrevo por dia. Registro quanto eu peso, com que frequência eu medito e uma variedade de outros indicadores que são muito pessoais para compartilhar aqui.

Então, antes que você se permita pensar que se aprofundou muito no carácter qualitativo para ser quantitativamente relevante, permita-me assegurar: a história precisa de seus dados, o caso precisa de provas. O Sistema 1 precisa do Sistema 2 ou o coitado do Moisés ficará pra sempre construindo uma arca. É a abordagem para a informação que precisa de ajuste.

Lembra-se da Mary Poppins? A babá que todas as outra babás nem chegariam aos pés? Quando uma criança se recusava a tomar remédio, ela misturava a poção curativa com uma colher de açúcar. Assim como pais de pets escondem comprimidos dos filhotes na manteiga de amendoim ou, como minha mãe costumava fazer, esmagar comprimidos de tylenol e misturar com purê de maçã (uma comida que eu ainda vejo como suspeita), então você deveria misturar seus dados/lógica/informações em uma história.

A fórmula é realmente muito simples. Comece com uma história. Engaje-os, cative-os, obtenha o comprometimento do Sistema 1, aí eles já terão dito sim. Então insira a informação. Dê os fatos, apele para a lógica, coloque quantos dados você se sentir confortável. Mas volte para a história. Monte tudo como o novo normal. Assim como uma colher de açúcar, desde que a mensagem comece e termine com uma história, descerá facilmente.

O guia a seguir indica como usar a estrutura de storytelling de Steller e seus componentes para criar uma história de valor perfeita.

Uma Análise da Estrutura de Storytelling

Se a estrutura de storytelling foi criada para um tipo de história específico, foi a história de valor. A estrutura de storytelling de Steller basicamente implora para que histórias de valor sejam contadas.

Pense nisso. Um cliente ou prospecto tem uma dor ou um problema. Estão brigando com isso, lidando com isso, tentando descobrir um melhor jeito. Normal. Então aparece você ou sua empresa. O cliente se envolve com seu produto ou solução ou serviço. Explosão. Agora, a vida é melhor. A dor foi curada, o problema resolvido e o cliente está muito melhor do que antes. Novo normal.

Em outras palavras:

1. Normal

    - Qual é o problema dos seus clientes?
    - Qual é a dor deles?
    - Como se sentem?
    - Como isso impacta a vida deles? Ou o negócio deles?
    - O que os mantêm acordados à noite?

2. Explosão

- Como seu produto/serviço resolve a dor ou problema?
- Como seu produto/serviço deixa a vida deles mais fácil?
- Como é a experiência de usar seu produto/serviço para os consumidores?
- Por que usar seu produto/serviço é diferente?

3. Novo Normal

- Como a vida está diferente depois?
- O que foi melhorado ou aprimorado?
- Como os clientes se sentem?
- Quais dores sumiram?

Com essa estrutura básica como guia, o que faz uma história de valor realmente arrasar é a inclusão e execução dos quatro componentes da história.

A História de Valor: Análise dos Componentes

Como aprendemos no Capítulo 3, vários componentes essenciais fazem com que uma história não seja somente ótima, mas seja uma história. Não se estresse. Incorporá-los é supersimples e, em muitos casos, totalmente óbvio. Mas, para que você nunca tenha que questionar suas histórias de valor, detalharei as nuances de cada componente quando aparecerem na história de valor.

Personagens Identificáveis

É aqui que a maioria das histórias de valor se perdem. Com o personagem identificável. E entendo. É fácil se confundir. Para pensar nisso, se está tentando fazer com que as pessoas entendam o valor de um produto, ele deve ser a estrela da história. O produto pode fazer isso! *e* aquilo! *e*, ah, você viu como o produto é melhor do que aquele por causa disso, disso e... espera... *isso*?!

Histórias que Inspiram

É importante lembrar que, quando se trata de um ótimo storytelling e, como as pesquisas indicam, ter um personagem real para que o público possa se conectar e relacionar é ponto-chave.

Ter um personagem identificável é um ponto crítico de distinção entre uma história forte e uma fraca. O maior erro do marketing é colocar o que você oferece no centro de tudo em vez da pessoa a *quem* você oferece. É focar o software, o hambúrguer, a maquiagem, o carro, o widget em vez da pessoa que usará o software, comerá o hambúrguer, usará a maquiagem, dirigirá o carro ou se beneficiará do widget. A menos que você trabalhe na Pixar, os carros não são personagens. As pessoas são personagens. Os produtos não conquistam a garota, superam as chances ou derrotam o dragão. As pessoas fazem essas coisas. O cavaleiro com a armadura brilhante é o personagem, a espada é o produto, o dragão é o problema. Claro, o cavaleiro usa a espada. Mas é o cavaleiro que mata o dragão, não a espada. A espada é apenas uma ferramenta para resolver um problema. Tire o cavaleiro e não há história. Resta só um pedaço de metal preso em uma pedra.

Quando for criar sua história de valor, certifique-se de incluir um personagem: uma pessoa ou, no caso da Budweiser, um animal amável. Inclua alguns detalhes sobre o personagem. Pode ser algo simples, como a idade, um traço de personalidade, uma característica física, uma profissão ou uma coisa específica que usam. Um ou dois pequenos detalhes ajudam a construir a imagem do personagem na mente do público e, quanto mais claramente puderem imaginá-lo, mais se conectarão com o conteúdo.

No anúncio da Apple, era fácil entender um adolescente distraído.

Na história da Workiva, as pessoas se relacionaram com um homem que trabalhava demais com esperanças além da sala de reuniões com luz fluorescente.

Falarei mais uma vez — para que uma história de valor funcione, deve incluir um personagem. Não simplesmente o produto. Não a sua fábrica, escritório, tecnologia, código ou widget. Não seu logo, marca, apresentação ou plano. Uma história de valor não é nada sem um personagem com o qual se importar.

E o produto? A beleza da história, como para a Chelsea e a Unbounce, é que você nem precisa falar do produto. Não precisamos realmente ver ou entender totalmente. Só precisamos entender que o produto mudou o curso de vida dos personagens identificáveis e, subsequentemente, como poderia mudar o nosso.

Emoção Autêntica

Ouvi um guru de vendas dizer que, para se conectar completamente com as necessidades de seus clientes em potencial, você tem que ir para a cama com eles.

Sim. Também achei isso esquisito. O que, em retrospecto, acho que era exatamente o que ele queria — parecer um pouco controverso. Dito isso, o ponto que ele queria era, para entender com o que seus clientes realmente se importam, imagine-os no fim do dia. Terminam de jantar com sua família ou talvez não consigam ver a família porque estão trabalhando muito. Talvez paguem algumas contas, leiam alguns e-mails, assistam algum programa de televisão e, então, naqueles minutos quando as luzes se apagam e eles estão prontos para dormir...

O que os mantém acordados?

Quais problemas eles estão tentando resolver olhando para o teto, mas não conseguem? Que questão os está preocupando, estressando? Uma vez que você saiba a resposta, o próximo passo será como *você* dá um jeito nesse sentimento?

E, embora eu prefira a minha cama à de qualquer outra pessoa, é aí que as emoções da história de valor começam. Pode ser tentador compartilhar *seus* sentimentos sobre o produto ou oportunidade, mas as únicas emoções que importam na história de valor são as de seu cliente em potencial e, assim, do personagem identificável.

É aqui que seus dados, personas e todo o resto que você sabe sobre as pessoas que você identificou como seus clientes-chave valem seu peso em ouro emocional. Pegue suas meticulosas análises e ideias e *faça* algo com elas. Encaixe com aquilo que os clientes mais se preocupam, o que os mantém acordados à noite e conte uma história que inclui e aborda essa emoção.

Além disso, não subestime o poder de realmente conversar com seus clientes e prospectos. Além de pesquisas online e dados de enquetes, conversas reais revelarão nuances emocionais que talvez você deixe passar. Você não somente conseguirá uma compreensão mais íntima, essas conversas lhe darão insights para saber o que incluir nos dois componentes finais da história.

Um Momento

Um dos muitos pontos fortes de contar uma história de valor é que ela demonstra e, quando feito corretamente, simula o problema que você e seu produto resolvem ao colocá-lo em um contexto específico. Embora incluir um personagem e emoção ajude a atrair o público para a cena, as melhores histórias de valor incluem um momento no tempo que o público pode ver vívida e especificamente.

O componente do momento pode ser incluído de muitas maneiras e pode depender do meio pelo qual você compartilha sua mensagem. No exemplo da Builder.co que usamos em nossa pesquisa, escolhemos um dia e hora específicos para dar ao público um senso de quando exatamente acontecia. Isso é especialmente útil quando a mensagem é unidimensional (os participantes estavam lendo as mensagens versus assistindo e ouvindo). No comercial da Apple, o momento foi quando o menino ligou a televisão. Houve uma mudança notável e silêncio naquele momento, significando que algo havia mudado.

A última coisa a se lembrar sobre o momento nas histórias de valor é que geralmente estão ligados à explosão. As coisas estavam correndo normalmente, e, de repente, neste momento, mudaram. É o momento em que a solução é descoberta, o momento em que o valor real do produto ou serviço é descoberto.

Detalhes Específicos

Estava dando uma palestra em uma conferência para a Jack Henry and Associates, uma grande empresa de tecnologia de sociedade aberta. Eles fornecem produtos e serviços de tecnologia a bancos e instituições de crédito que possibilitam que nós saibamos tudo sobre nosso relacionamento com as instituições financeiras. Olhando seu extrato online? Jack Henry. Fazendo depósito por um dispositivo móvel? Jack Henry. Em julho de 2018, estavam comemorando o melhor ano e, como trabalho com muitas empresas, foi fácil ver porquê. Eles estavam conectados, apesar de dispersos. Estavam animados, ainda que focados. No centro de tudo isso, sabem que o que realmente importa é conhecer o cliente. Isso não importa somente quando há a venda, mas para que ela aconteça.

No evento, Steve Tomson, gerente-geral de vendas e marketing, falou à sua equipe de quase 500 pessoas que o sucesso depende de quão bem você conhece seu consumidor antes mesmo da primeira reunião. É necessário saber do que eles precisam, com o que estão batalhando e como a Jack Henry pode ajudar.

O conhecimento do cliente é essencial para as vendas, o storytelling e a história de valor. Ao contar histórias para clientes em potencial, não tenha medo de especificar seus detalhes — pense no grampeador vermelho de *Como Enlouquecer Seu Chefe*. Isso não somente os atrairá com o processo cocriativo que discutimos no Capítulo 1, mas você estará trabalhando seus músculos de empatia. Se sabe que eles provavelmente pedem pizza nas reuniões pós-horário de trabalho, inclua isso. Se sabe que eles provavelmente têm uma coleção de canetas de centenas de representantes de vendas, inclua isso. Cada detalhe específico que incluir construirá uma cena que será familiar ao público que, assim, dirá: "Eles me entendem."

Mas cuidado. É um passo que você não pode inventar. Assim como o líder de vendas da Jack Henry disse, você tem que *realmente conhecer* seu cliente em potencial. Seja com tempo, pesquisa ou experiência, conheça seu público. Uma vez que o conhecer, inclua detalhes na história que você contar que tornará a cena familiar e mostre que você realmente os entende.

O Valor Real da História de Valor

A característica mais importante da história de valor é, claro, que funciona. Ela pega vendas e marketing horríveis e os transforma em algo que pode cativar, influenciar e transformar. A história de valor faz com que seja fácil que seu cliente em potencial, seu futuro cliente leal, entenda quão ótimo seu produto ou serviço realmente é. Não importa quem você é ou qual é a sua história, quando muda o foco para as pessoas que quer servir e cujo problema deseja aliviar, você parará de ter que se perguntar o porquê de seu marketing parecer ruim ou ineficaz. Crie uma história de valor para o que oferece e verá os resultados. Em alguns casos, imediatamente.

Ao menos, esse foi o caso para Sara, fotógrafa de retratos. Como muitos fotógrafos, os serviços dela eram bastante simples: ela tirava fotos de pessoas. Principalmente retratos de idosos ou de rostos, algumas vezes fotos de família e, bem ocasionalmente, casamentos. Sara ganhava dinheiro quando as pessoas queriam fotos de alta qualidade. É claro, essas sessões não são baratas, e quando você considera que um smartphone podem tirar fotos que satisfazem a maioria das necessidades de fotos das pessoas, a Sara estava constantemente tentando construir uma ponte para fechar o vão do valor.

Em uma primavera, Sara decidiu oferecer minissessões para o Dia das Mães. Mas não era qualquer foto mãe-bebê. Sara queria tirar fotos de adultos com os pais ou avós *deles*. Uma mudança interessante de um oferta clássica. Sara começou a fazer o marketing como usualmente. Colocou anúncios básicos nas mídias sociais e em outros lugares, anunciando a promoção, o preço, horários, locações, o que receberiam e como marcar horário.

Sem resposta alguma.

Nem uma única sessão reservada.

Não é preciso dizer que Sara ficou decepcionada. Mas se recusou a desistir, porque era muito importante para ela.

Alguns meses antes do Dia das Mães, ela perdeu a avó. Uma avó que amava. Uma avó com quem ela morou durante dez anos depois de adulta. Uma avó que, por causa desses dez anos extras, Sara teve a rara experiência de conhecer quando adulta. Não somente a avó que conheceu quando criança. Uma avó cuja memória, uma vez que não existia mais, fez Sara procurar em todos os celulares antigos e caixas de sapatos por uma foto das duas juntas daqueles últimos dez anos. Uma foto decente com uma luz decente que iluminava seus sorrisos imperfeitos.

A História do Valor

Mas as fotos não existiam.

Porque Sara e sua avó nunca as tiravam.

E agora Sara daria tudo pela oportunidade de sentar e, por meia hora, capturar em vídeo alguns momentos com sua amada avó.

Se as pessoas entendessem que essa sessão de fotos significaria *isso*. E foi aí que lhe deu um estalo. Ela deveria contar essa história.

Então ela contou.

Sara relançou os anúncios para as sessões do Dia das Mães mas, agora, em vez de focar o custo ou os resultados, Sara contou a história de sua avó. A resposta foi imensa. Ninguém questionou o custo. Em vez disso, compartilharam as próprias histórias e como se sentiram profundamente conectados com a história dela.

O que foi quase seu maior fracasso acabou se tornando a sessão de fotos de maior sucesso da Sara. A procura por sessões foi mais do que o dobro das sessões anteriores, tudo porque ela compartilhou sua história.

Essa é a essência da história de valor — ilustrar o valor de uma maneira que nada mais consegue. Não importa o tamanho de seu negócio, se quiser obter mais vendas e um marketing melhor, comece com histórias de valor. E se de repente está planejando uma sessão de fotos para o Dia das Mães com sua mãe ou com sua avó, terá que entrar atrás de mim na fila.

CAPÍTULO CINCO

A História Fundadora

*Como os Empresário Usam a História Para
Atrair Dinheiro, Clientes e Talento*

> *Se uma pessoa que está pedindo para você investir não
> acredita na própria história, por que você acreditaria?*
> —Amy Cuddy, O Poder da Presença

Em 2013, estava em Las Vegas em um evento e exposição de artesãos, centenas dos quais haviam cruzado o país com caixas e caixas lotadas de produtos delicados e valiosos. Cada artista montou um expositor dentro do salão do tamanho de um campo de futebol americano com a esperança de que, quando a exposição abrisse e milhares de compradores passassem pela porta, seu estande chamasse atenção suficiente para atrair um comprador e fazer uma venda.

Cheguei na noite anterior ao início do evento e, como palestrante da sessão educativa, ganhei um tour pelo salão da exposição durante a montagem. Andei por infinitos corredores de estandes que ofereciam de tudo, desde miçangas delicadas, pinturas, estátuas de metal a tecidos pintados e objetos de vidro. Embora cada expositor fosse um pouco diferente do outro, muitos estavam essencialmente vendendo as mesmas coisas. Não demorou muito para eu sentir déjà vu. Quando cheguei no último corredor, me deparei com um estande de produtos de vidro belíssimos. Pratos, copos, bowls e travessas de cores vibrantes. Não tinha sido o primeiro estande de arte de vidro soprado que tinha visto na exposição, mas certamente me chamou a atenção. Eu me aproximei do homem e o cumprimentei em parte por curiosidade e em parte como experimento para ver se ele me contaria uma história.

"É seu trabalho? É lindo."

"Sim. Sou o artista. Obrigado."

"Me conta sobre ele..." Pausei, sorri. "Adoraria ouvir mais sobre sua arte. O que o inspira para criá-la?"

Ele me olhou e disse: "São pratos decorativos."

Não era exatamente a resposta que eu esperava, principalmente vindo de um empresário da arte de vidro soprado que tentava se diferenciar dos outros trinta artistas de vidro do evento. Então tentei de novo.

"Desde quando você faz isso? O que lhe inspirou?"

"1987."

Em sua defesa, o evento ainda não havia começado, então talvez o dono/artista ainda não estivesse no modo LIGADO. Qualquer que fosse a razão, estava claro que não haveria storytelling. Somente então uma das organizadoras se aproximou do estande e me apresentou ao artista como "Kindra Hall, a especialista em storytelling que vai se apresentar amanhã e contar sua história para diferenciar sua marca".

De repente, o artista fez uma cara de que reconhecia o assunto. Como se alguém já tivesse falado que ele deveria contar sua história. Mas, antes que pudesse falar qualquer coisa, a organizadora me tirou dali. Quando estava me virando para ir com ela, ouvi o artista me chamar: "Espera! Espera!" Me virei e ele disse: "Se puder, volte aqui. Tenho uma história ótima que posso te contar."

Tenho certeza disso.

Se ao menos ele tivesse contado quando teve a chance.

Todo Negócio Tem Uma História

Todo negócio tem uma história fundadora.

Por trás de todos os negócios, há uma história de *quem* e *como* tudo começou. Uma história de antes de o negócio ser uma possibilidade para o fundador. Uma história do momento em que a ideia surgiu. Uma história do momento em que o fundador percebeu que poderia ser uma empresa.

Quer você esteja em uma empresa ou a tenha começado, essa história existe. Não importa quão pequena ou grande, quão velha ou nova — a menos que seja o único caso de incorporação imaculada —, me mostre uma empresa ou um produto e lhe contarei uma história de como tudo começou. Não há exceções.

E isso é uma ótima notícia.

Ótima notícia porque, em um mundo que se parece muito com uma exposição em Las Vegas, lotada de corredores e corredores de competidores que oferecem a mesma coisa, uma história fundadora é uma das melhores maneiras de se destacar e construir uma ponte entre você e seu cliente em potencial.

Quer você esteja na fase de lançamento, procurando por investidores ou tentando se diferenciar em um mercado tumultuado ou tentando atrair os melhores talentos, as histórias fundadoras podem lidar com as três situações de maneiras, e por razões, diferentes.

A História Fundadora Para Eliminar o Vão do Investidor

Há muitos anos, dois caras que tinham feito faculdade juntos viraram colegas de quarto em São Francisco. Bem, não sei se já morou lá ou conhece alguém que já tenha morado, mas provavelmente sabe que a cidade não é conhecida pelo valor imobiliário barato. São Francisco pode ser muita coisa, mas amigável com o orçamento não é uma delas. Então dá pra imaginar que, quando se tratava de pagar o aluguel, eles ficavam em dificuldades.

Ao mesmo tempo em que os meninos estavam tentando pagar o aluguel, havia uma grande conferência de design na cidade. Tão grande que os hotéis da lista de sugestões do evento estavam lotados. Não havia vagas para nenhum designer no San Fran Inn. O que os designers fariam? Dormiriam nas ruas? No chão da casa de estranhos?

Espere um pouco. E se...

Quando nossos pobres (literal e figurativamente) meninos ouviram que a cidade estava lotada e que ainda havia pessoas procurando por um lugar onde ficar, tiveram uma ideia louca. E se eles pudessem alugar seu quarto para alguns participantes? Os de fora da cidade teriam onde ficar e os colegas de quarto poderiam pagar o aluguel com o aluguel dos convidados.

Parecia perfeito — só havia um grande problema. Eles não tinham um quarto extra para alugar e nem, certamente, uma cama a mais. Mas tinham uns colchões infláveis e espaço no chão da sala. Bom o suficiente, decidiram. Eles os alugariam.

Os colegas anunciaram os colchões infláveis e receberam três propostas. Pessoas completamente aleatórias. E uma experiência incrível. Os convidados se divertiram muito na conferência e ficando com os colegas de quarto. E estes, os hospedando.

Foi então que os colegas tiveram uma ideia. E se não fosse uma vez só? E se, em vez de ganhar o aluguel de apenas um mês, ampliassem a ideia e ganhassem o aluguel todo mês, permitindo que qualquer um alugasse seu espaço para uma experiência aleatória incrível ao custo de somente dois colchões de ar?

Este foi o começo do Airbnb como conhecemos hoje.[1]

E, é claro, essa é somente parte da história. Houve muitos plot twists e triunfos criativos pelo caminho, como:

- Financiar o difícil começo com cartões de crédito e acumular dezenas de milhares de dólares em dívidas;
- Reembalar os cereais em caixas "Obama O's" e "Cap'n McCain" para pagar a dívidas e viver para vender outro dia;

- Divulgar por meio de apresentações a bloggers com menor público, porque poderiam dar alguma atenção a eles.[2]

Essas histórias estão no site do Airbnb. Mas o que geralmente é esquecido é o quão importante o storytelling foi para a empresa no começo, quando o Airbnb tinha apenas dois clientes, não milhões, e estava com dificuldades para sobreviver.

#vidadestartup

As startups sempre enfrentam desafios e o Airbnb teve alguns obstáculos a mais. Por exemplo, embora a ideia de tornar um espaço extra em casa em um negócio usando a economia compartilhada pareça óbvia agora, não era na época. Pense nisso. Alguém lhe diz: "Por que você não recebe uns estranhos em casa no final de semana?... O quê? Não, não são amigos nem amigos de amigos. São só estranhos que você encontrou na internet. Talvez você possa fazer café da manhã para eles também."

Para muitas pessoas é um não imediato e foi como muitos investidores responderam à ideia também. Jeff Jordan é parceira da empresa de capital de risco Andreessen Horowitz, uma empresa que, para registrar, pode sentir o cheiro de um unicórnio uma década antes. Skype, Facebook e Twitter são apenas alguns de seus sucessos.

Então imagine a droga quando Jordan disse: "Da primeira vez que ouvi falar no Airbnb, achei que era possivelmente a ideia mais idiota que já tinha ouvido."[3] É um comentário arrasador para qualquer empresário, inclusive Brian Chesky. A única coisa que provavelmente facilitou para Chesky, um dos fundadores do Airbnb, no começo da empresa, é que o sentimento de Jordan de que era a "ideia mais idiota" era muito comum.

Nos primeiros anos da empresa, todos os capitalistas de risco para quem Chesky fez apresentações não aceitaram fazer negócio com ele. Como ele contou para a *Fast Company*: "As pessoas achavam que estávamos loucos. Disseram que estranhos nunca ficariam com estranhos e que coisas horríveis aconteceriam."[4]

Imagino que Chesky sentiu a fúria e a frustração reservada aos que acreditam piamente em alguma coisa, mas continuam sendo rejeitados pelos que têm poder. Como a cinco vezes vencedora do Grammy, estrela do grupo Lady Antebellum, Hillary Scott, sentiu-se depois de ser rejeitada duas vezes no *American Idol* antes de se tornar um sucesso. Ou como J. K. Rowling sentiu-se depois de ter recebido não de doze editoras para o primeiro livro do Harry Potter.

Em todos os casos, havia talento e oportunidade. Mas como comunicar eficazmente o potencial a um investidor que detém o poder na palma da mão para dar a oportunidade da vida de alguém ou assinar o certificado de morte de um sonho? Quando falamos em startups, como convencer investidores que você tem uma empresa digna de investimento sem ter uma prova de sucesso? Como persuadir um investidor a arriscar sem poder oferecer muita coisa como garantia? Se a oportunidade aparecer e você tiver a chance de ficar cara a cara com alguém cujo bolso tem profundidade suficiente para tirar sua ideia do papel, o que você diz?

Essas são boas perguntas, que todo empreendedor se pergunta. Os fundadores do Airbnb não foram os primeiros a se perguntar, nem serão os últimos. Para algumas pessoas, esse dilema surge diante de milhões de pessoas.

Venda a Si Mesmo

Toda semana, muitos milhões de expectadores ligam a TV no programa da ABC *Shark Tank*. E toda semana empreendedores esperançosos ficam cara a cara com um painel de jurados intimidadores e vendem sua ideia, empresa, produto ou serviço na esperança de que um dos "sharks" invistam. Isso não é só um ótimo entretenimento, como destaca o desafio de eliminar vãos que os empresários enfrentam.

Mesmo na versão feita para a televisão, a batalha é real.

Música dramática toca enquanto assistimos os empreendedores esperançosos caminhando em um corredor assustador para enfrentar seu destino: a oportunidade de uma vida ou o fim de um sonho.

As apresentações geralmente começam iguais. Os empreendedores se apresentam e dizem os termos do investimento que procuram. Descrevem rapidamente seu produto ou negócio e então, bem, há duas opções.

Uma escolha óbvia é falar de números. Armados com o conhecimento de que os investidores querem ganhar dinheiro (e geralmente nada mais), os empreendedores procuram maneira de convencê-los de que dizer sim a esse risco é uma ótima ideia. O que é melhor para persuadir alguém do que fatos estritos? A lógica é sempre a melhor saída. Confie nos números. Coisas como tamanho de mercado, taxas de conversão, ROI e custos. Tranquiliza os empreendedores e parece muito oficial para os tomadores de decisão.

Pararei por aqui para dizer que é importante fazer as contas, mas, como aprendemos em um capítulo anterior, apenas números quase nunca são suficientes.

Qual é a fórmula secreta para obter um acordo que muda a vida? Contar uma história fundadora parece ser pelo menos parte disso.

Na verdade, em uma análise da temporada seis de *Shark Tank* (enquanto o programa estava passando) minha equipe analisou todas as 116 apresentações com base em nosso critério de história e determinou que 76,7% das que foram ao ar contavam uma história. E a maior parte das apresentações que o fizeram fecharam acordos.

Talvez parte do motivo seja que, ao falar de um novo produto ou ideia, você está se vendendo mais do que qualquer outra coisa.

De Cético a Crente em Uma Única História

Embora sua apresentação não tenha sido transmitida em rede nacional, Brian Chesky e o Airbnb estavam nadando com os próprios "sharks" na busca de alguém para oferecer o investimento de que precisavam para lançar o que suspeitavam, o que tinham certeza, de que seria uma empresa incrível.

Mas não havia contas no mundo que preencheriam o vão entre empreendedor-investidor. Havia uma enorme falta de confiança na ideia e os investidores não podiam enxergar como isso funcionaria. Com a lógica levando a lugar nenhum, a jovem empresa não teve escolha a não ser se voltar ao poder da história para convencer os investidores. A única pessoa que podia contar aquela história era o fundador. E a única história que ele tinha era ele mesmo.

Lembra-se de Jeff Jordan, o capitalista de risco que estava convencido de que o Airbnb era a pior ideia que já tinha ouvido? Ele continuava pensando assim, mas disse que, depois de ouvir Chesky falar, tinha se rendido.[5]

Quando Jordan se encontrou com Chesky, disse: "Passei de um completo cético a um completo crente em 29 minutos."[6] Por quê? Porque Chesky é um contador de histórias. "Todo grande fundador pode contar uma história ótima", Jordan falou ao *Business Insider*. "É uma das coisas-chave em um fundador, ter capacidade de convencer as pessoas a acreditarem".[7]

Com uma simples história, a história fundadora, Chesky demonstrou o que Jordan chama de fundador/produto perfeito. Uma história que ilustra o nascimento de uma ideia. Uma história que inerentemente diz que ninguém mais poderia ter tido essa ideia naquele momento e daquela maneira.

Como qualquer fã de *Shark Tank* falará para você, financiar uma ideia tem a ver com mais do que somente a ideia. Quando se trata de apostar em uma empresa, os investidores não estão apostando somente em um cavalo figurativo, mas no jockey. Em alguém com a paixão de levar a empresa para o topo. Ter e contar uma história fundadora garante aos investidores que o fundador é genuíno. É uma história que cria fé além dos números, responde perguntas com nosso esforço e preenche as peças do quebra-cabeça sobre onde o fundador esteve, aonde está indo e por que vale a pena apostar nele.

Quer esteja em um estúdio de Hollywood fazendo uma apresentação para celebridades bilionárias ou em uma sala de conferências no Vale do Silício, quando você vê os olhos de potenciais investidores prestarem atenção é porque estão tendo uma conversa sem palavras.

> **Investidor:** Esse fundador pode superar adversidades?
> **Fundador:** Sim.
> **Investidor:** Esse fundador está completamente comprometido?
> **Fundador:** Meu sangue tem a cor da minha logo.
> **Investidor:** Esse fundador está emocionalmente envolvido?
> **Fundador:** Não conta para minha esposa, mas nosso casamento não foi o dia mais feliz da minha vida. Foi quando preenchi os papeis da empresa.

Somente ouvir essas respostas não é suficiente. Um investidor tem que sentir as respostas e, sabendo o que sabemos sobre os efeitos do storytelling, uma história fundadora bem contada pode transparecer tudo o que você sente.

Naquele fatídico dia, Brian Chesky enfrentou uma das experiências mais intensas para um empreendedor e o que tornou céticos em crentes foi sua história. Ela foi suficiente para superar quaisquer objeções, criar fé e receber um sim. Um sim de US$112 milhões.[8]

A História Fundadora Para Eliminar o Vão do Cliente

Ora, não sei se conseguir um investidor faz parte de seus planos de negócios. Muitos fundadores não usam dinheiro de investidores e não usam a história fundadora para garantir um investimento. Muitos empreendedores usam o próprio dinheiro para renda e reinvestem o lucro para gerar crescimento. E quando eu digo muitos, quero dizer muitos.

De acordo com o Índice Kaufman, 540 mil novos donos de empresas começam a jornada empreendedora por mês.[9] Sim, você leu certo: 540 mil! Um estudo feito pela Intuit revelou que 64% dos donos de pequenas empresas começam com menos de US$10 mil e 75% deles utilizam suas economias pessoais para começar.[10]

Isso significa 540 mil competidores em potencial, 540 mil fundadores igualmente famintos e decididos a usar suas economias pessoais e fazer o que for preciso, assim como você. Se ler isso aumenta um pouquinho seus batimentos cardíacos, eu o entendo.

Como demonstração de apoio, amigos e conhecidos bem-intencionados sempre me mandam artigos, blogs ou comunicados de imprensa sobre outros especialistas, firmas ou eventos de storytelling. Embora eu não queira nada além de mais pessoas ensinando e promovendo a importância do storytelling, cada artigo me faz tremer. Significa competição. Significa que por mais que qualquer empreendedor amasse acreditar, eu não sou a única.

Se você estiver na série B do financiamento ou se, como eu, teve que pesquisar o que isso significa, você enfrentará competição e gente copiando suas ideias. Nesses momentos, apele para sua história fundadora para se diferenciar.

Por Que Se Misturar Quando Pode Se Diferenciar?

Era 2015 e o fundador da Desert Star Construction, Jerry Meek, já havia visto tudo. Um construtor da terceira geração cujo brinquedo preferido quando criança era uma lata de café cheia de pregos e, quando seu pai o deixava usar, um martelo. Olhar o portfólio do Jerry responde a pergunta antiga que todos se fazem ao folhear as páginas de uma revista de casas luxuosas: Essas casas são reais? Sim. Sim, são reais. E Jerry as constrói.

Verdade seja dita, se Jerry fosse o único a construí-las, não haveria muita história. Mas, é claro, a Desert Star Construction não é a única construtora de casas de luxo. Somente no Arizona, onde está a sede de Jerry e onde os impostos são baixos, a competição é acirrada no mercado de construção de casas de luxo.

Assim como os fundadores do Airbnb, Jerry tinha confiança no que tinha para oferecer. Ele sabia que sua abordagem era a melhor, que sua equipe era a melhor e que seu comprometimento com os clientes durante o longo processo de construção era o melhor. Ainda assim, como muitos outros donos de empresa, estava tendo dificuldades para comunicar seu amor pela construção e o que isso significava para clientes em potencial que queriam construir a casa dos sonhos. Quando ele tentava, parecia algo que qualquer outro construtor diria. Ele precisava se diferenciar.

Ele precisava contar sua história.

O que Jerry estava enfrentando era o clássico dilema dos proprietários de pequenas empresas. A empresa não está mais na infância. Ordens de compras foram atendidas, há clientes usando e amando o produto ou serviço que ele oferece. Há sistemas e uma equipe trabalhando e a busca por clientes não é mais a tentativa de começar, mas um esforço constante para continuar crescendo. Não é mais se estabelecer, mas se diferenciar.

Infelizmente, conseguir a diferenciação é mais difícil do que gostaríamos. Como você mostra que é diferente sem parecer com todo o resto, que diz que são diferentes exatamente da mesma maneira?

Fico me lembrando do começo do meu namoro com meu marido, quando eu ainda fazia de tudo para impressioná-lo, incluindo assistir futebol americano (você já sabe disso) e *Da Ali G Show*. Sim. O programa era tão ridículo quanto parece. Sem tentar explicar a premissa, vou contar um episódio. O personagem principal, interpretado pelo comediante Sacha Baron Cohen, supostamente entrevista um trabalhador de um mercado no corredor de laticínios. Cohen aponta para uma prateleira cheia de queijo cheddar e pergunta: "O que é isso?" O funcionário responde: "Queijo". Cohen dá dois passos e aponta para outra fila de queijo, talvez suíço. "E o que é isso?", ele pergunta. "Queijo", o funcionário responde. Cohen dá mais uns passos, "E isso?", apontando para outra variação de queijo. "Queijo". O que deixa a sketch engraçada é que, apesar do fato de haver mais de cem tipos diferentes de queijo na prateleira, todos são descritos da mesma maneira.

Diferente, Assim Como Todo o Resto

Em 2012, dois anos antes de sua obra-prima e bíblia dos negócios, *Essencialismo*, ser publicada, Greg McKeown escreveu um artigo para a *Harvard Business Review* intitulado "Se Eu Ler Mais Uma Missão Cheia de Lugares-Comuns, Vou Gritar".[11]

O artigo começa com um jogo de classificação, estrelando três empresas e três declarações de missão. O trabalho do leitor é ligar a empresa à missão. Parecia muito simples. O problema? As missões eram essencialmente palavras indistinguíveis e intercambiáveis. "Crescimento lucrativo", "serviço ao cliente superior", "beneficiar nossos clientes e colaboradores", "mais altos padrões éticos". As qualidades que pensavam que os distinguiria, na verdade, os tornou indistinguíveis.

Executo um experimento parecido com grupos que incluem muitas empresas diferentes de um setor. "Quantos de vocês usam 'comprometido com a excelência' como diferenciador?" Todo o público levanta as mãos. "Quantos dizem que seu 'atendimento ao cliente' é o que o torna diferente?" Todo o público novamente levanta as mãos. "Quantos dizem que a 'paixão' os diferencia de qualquer um?"

Você entendeu.

Felizmente, quando isso acontece, têm umas risadas (embora de nervoso) enquanto observamos coletivamente que nossos diferenciadores — o que faz com que não sejamos iguais a mais ninguém — são exatamente os mesmos. Pelo menos na maneira como os comunicamos agora.

Essa dificuldade para se diferenciar não ocorre apenas no corredor de queijo e em eventos de negócios, é um fardo possível para qualquer produto, serviço e empresa.

O melhor antídoto? Uma história fundadora.

Todo o Resto Considerado Igual: A História Vence

Há um motivo para isso. Quando procuro por peças para vestir embaixo de meus vestidos feitos sob medida, não compro qualquer coisa que esteja pendurada na loja, sempre vou direto na Spanx. Por quê? Porque ouvi a história de Sara Blakely.

É a história de como ela aproveitou a oportunidade e começou uma empresa. E como sua vida estava tumultuada até que ela conseguiu a reunião da vida dela com uma compradora em uma loja de departamentos gigante. A história de quando ela se sentou com essa compradora e quando parecia que essa mulher simplesmente não entendia, Blakely a convenceu a ir para o banheiro para mostrar seu produto em ação. Assim como com os chicletes Extra, quando estou cara a cara com um mar de shorts e cintas modeladores que prometem basicamente a mesma coisa, escolherei aquela cuja história eu amo.

O mesmo também vale para quando decido ostentar e fazer escova no cabelo. Não, não cortar, não pintar. Apenas secar e pentear. Poderia entrar em qualquer salão, inclusive o que eu frequentava a cada seis semanas há dez anos

A História Fundadora

e fazer o cabelo. Mas, em vez disso, vou ao Drybar. Por quê? Porque escutei a história da fundadora. Alli Webb contou sua história fundadora em revistas e entrevistas online, em podcasts e em eventos para mulheres. Cite uma plataforma ou mídia e é provável que a Alli tenha contado sua história lá. Eu a ouvi muitas vezes, de diversas formas, e sempre fico feliz de ler ou ouvir de novo. A história do seu próprio cabelo cacheado e como ele a fazia se sentir quando era criança (sempre me senti estranha quando era criança, não por causa do meu cabelo, mas consegui me conectar). A parte sobre escovas muito caras (uma vez zerei minha conta bancária porque comprei um shampoo no salão e não me dei conta de que custava US$100 um frasco). A parte que ela dirigiu por toda Los Angeles fazendo escova no cabelo das amigas bem baratinho (penso nas vezes em que passei horas escrevendo histórias paras as cartas de apresentação, votos de casamentos ou discursos de agradecimento de meus amigos). A parte sobre seu irmão ter fé nela, encorajando-a a correr atrás (meu marido me encorajou a pedir demissão do meu emprego para descobrir como me dedicaria ao storytelling em tempo integral, seja lá o que isso *significa*). Toda a batalha, todo o risco, todos os saltos de fé e finalmente todo o sucesso! Me responde, o que mais se poderia querer?

A maneira como minha filha sorri fascinada quando a Ariel se transforma em humana e se casa com o príncipe Eric é o equivalente adulto exato do que sinto quando ouço uma história fundadora bem contada. Cara, os desejos *se tornam* realidade! As princesas *podem* superar as probabilidades! Pode parecer tão maluco quanto se transformar de uma sereia para um ser humano ou um boneco a um menino de verdade, mas *é* possível. A história fundadora se confunde com a minha própria história e me torno leal à marca.

Se feito corretamente, a história fundadora faz isso. Toca nos desejos que estão no fundo de todo ser humano. Não importa onde o fundador está atualmente em sua busca pelo sucesso empreendedor, a história do início geralmente soa como um conto de fadas. E é por isso que nunca devemos parar de contá-la.

É claro, são muitas marcas e empresas às quais os consumidores são leais sem a história fundadora. Mas, se você for uma empresa pequena que está lutando para se diferenciar, nunca subestime o poder de sua história fundadora. Mesmo que você hesite em contá-la porque não parece tão grande, excitante ou dramática quanto um filme da Disney. Quando falamos da história fundadora, não é a magnitude da história que importa, é a decisão de contá-la.

Que foi exatamente o que Jerry Meek da Desert Star Construction decidiu fazer.

Sua história não era grande. Não era de chorar. Hollywood provavelmente não fará um filme com ela. Mas Jerry não se importava com Hollywood, ele só queria conseguir articular melhor sua paixão pela construção e o porquê a Desert Star era a melhor construtora para sua casa dos sonhos. Para isso, Jerry teve que voltar no tempo, voltar muito.

Ele voltou até a época em que era criança. Enquanto seus amigos estavam jogando bola e brincando com G.I. Joe, ele construía coisas. Fortes reais com telhados. Fortes que precisavam de martelos, pregos e madeira. Ele uma vez construiu um forte tão grande que tomou metade de seu quintal. Jerry sentava no telhado daquele forte e sonhava com o que construiria em seguida.

Você está lacrimejando nessa parte da história? Provavelmente não. Essa história mudou sua vida? Acho que não. Mas tudo bem, porque não era o que Jerry queria. Jerry precisava que os clientes entendessem que ele não se tornou construtor por acaso, ele nasceu construtor. Se um cliente escolhesse a Desert Star Construction para construir suas casas, a equipe de Jerry abordaria o projeto com a mesma fascinação, somada com décadas de experiência de construção de casas de luxos, para criar uma casa dos sonhos de revistas.

Jerry decidiu que a melhor maneira de contar essa história era por vídeo. Ele contrataria uma equipe, contaria a história direto para a câmera e filmaria em um dos lugares de construção das casas de luxo para preencher o espaço visual. Demorou semanas para escrever o roteiro, coordenar e finalizar tudo. Parecia o plano perfeito — até que de repente não foi.

Como um jogo do destino, o dia que a produção estava marcada para começar também foi o dia em que um potencial cliente de grande importância queria se encontrar a respeito de seu Personal Resort®, que seria uma das maiores casas já construídas nos Estados Unidos. A Desert Star Construction era uma das finalistas e Jerry estava animado com a incrível oportunidade. Ele preparou sua apresentação para aquela tarde, o que significava que a equipe de vídeo tinha uma fração do tempo para filmar o projeto antes que Jerry fizesse a apresentação para um projeto do qual ele desesperadamente queria fazer parte.

Eles começaram. Fizeram a filmagem, Jerry contou sua história e, assim que a equipe disse "Corta!", Jerry estava a caminho da apresentação da sua vida, que é onde a verdadeira história acontece. Quando Jerry ficou na frente da equipe do cliente, pronto para fazer sua apresentação padrão, ele lembrou da história do forte do filme daquele dia.

Em uma decisão de última hora, em vez de abrir com uma missão que soaria exatamente com o que seus competidores falariam, Jerry contou a história da construção de fortes quando era criança e como, todos os dias, sempre que deixa o local da obra, ele se lembra do primeiro forte que construiu e não consegue deixar de pensar no que construirá em seguida.

A Desert Star conseguiu o serviço.

O serviço muito, muito importante.

É claro, como os concorrentes de *Shark Tank*, a Desert Star precisava saber o que fazia, comunicar que negociariam os melhores preços e servir como defensor para o cliente. Precisavam de números, dados e provas de que eram extremamente competentes e excessivamente capazes.

Mas, no fim, quando comparado com outros construtores que diriam exatamente as mesmas coisas e habilidades, a história ganhou. Depois, o cliente especificamente disse que algo na história de Jerry, sobre construir o forte quando criança, o fez sentir a paixão de Jerry e confiar que ele entregaria.

Com frequência, basta uma história simples, uma história do momento em que tudo começou ou do primeiro sucesso ou do primeiro fracasso. O início de uma empresa é repleto de histórias, todas únicas e capazes de distingui-lo de todo o resto. Tudo o que é considerado igual, sua história fundadora vai lhe diferenciar da competição, conectá-lo de maneira significativa com seu cliente e lhe dar um sim.

A História Fundadora Para Eliminar o Vão do Talento

Além de eliminar o vão do investidor e o do cliente, o terceiro vão que um fundador deve eliminar construindo uma ponte é aquele que inspirará outras pessoas a cruzá-la e, ao fazer isso, se tornar parte da equipe. Embora algumas empresas sejam arquitetadas para ser gerenciadas apenas por uma pessoa, com mais frequência, para que uma empresa cresça e alcance seu potencial completo, um fundador deve trazer outras pessoas. Mas não só quaisquer outras pessoas — as melhores. Pessoas que compartilham o sonho, que estão investidas no resultado e que estão dispostas e percorrer o caminho turbulento.

Talvez você tenha ouvido a analogia de que um cavalo de tração pode puxar três toneladas e meia de peso morto, mas que dois cavalos de tração, com seu poder combinado, podem puxar dez toneladas, muito mais do que o dobro do esforço de cada um. Seja isso verdade ou não (a internet está dividida na questão), o princípio continua: construa a equipe certa e você terá exponencialmente mais sucesso.

O problema é que nem sempre é fácil encontrar bons talentos. E, se encontrar, há a possibilidade de que vários de seus concorrentes também os tenham encontrado. Passei boa parte de 2017 conversando com CEOs e seus líderes-chave de centenas de empresas em várias cidades pelo país que eram membros do grupo exclusivo de planejadores. Milhares de executivos, representantes de empresas de todos os tamanhos e em vários setores se reuniam para um dia de networking e apresentações, procurando aprender melhores práticas e novos métodos para resolver seus maiores problemas.

Em 2017, não importa a cidade — de San Diego a Chicago, Pittsburgh a Seattle —, pesquisas mostravam que o maior problema que os atormentava era conseguir talentos. Quando as empresas estão crescendo, o talento tem o poder e os líderes na sala queriam saber como obter a atenção do talento, a melhor maneira de persuadi-los a entrar para a equipe e transformá-los não somente em empregados, mas em crentes.

Uma história fundadora é um grande passo para levá-los a cruzar o vão.

Onde Procurar Sua História Fundadora

É claro, nem toda empresa é um Airbnb ou quer ser. Mas não se engane, se começou uma empresa, é um fundador. E ainda que pense que não tem uma história fundadora, você tem. É certeza. Se está se sentindo inseguro, veja as histórias no Kickstarter. São pessoas reais contando suas histórias fundadoras.

No Capítulo 8, falaremos mais sobre as várias estratégias para encontrar sua história, mas por ora quero mostrar alguns lugares onde as histórias fundadoras costumam se esconder e onde você pode encontrá-las.

Volte Muito No Tempo

Estava trabalhando com um grupo de mulheres consultoras financeiras de alta performance. Cada uma delas era empresária. Cada uma delas era responsável por construir sua empresa. Cada uma delas estava dedicada a servir bem seus clientes ao cuidar e ajudar a crescer uma de suas posses mais valiosas: o dinheiro. E cada uma delas sabia que a concorrência era pesada e seus clientes em potencial eram, por padrão, um pouco nervosos. O sucesso de cada consultora dependia completamente de sua habilidade de comunicar com eficácia o quão apaixonada e confiável ela era, enquanto, ao mesmo tempo, se diferenciava de aproximadamente 250 mil outros consultores financeiros que faziam exatamente a mesma coisa.[12]

A solução? Encontrar a história fundadora.

Para isso, muitas dessas mulheres voltaram no tempo para descobrir quando se apaixonaram pelo dinheiro, como abrir a primeira conta bancária ou economizar para o primeiro brinquedo.

Para uma mulher, ela se lembra de amar o dinheiro desde muito cedo. Quando era uma garotinha, seu brinquedo favorito era o dinheiro. Apesar do fato de ter um porquinho, o dinheiro raramente estava nele. A menininha amava segurar e classificar e empilhar e brincar com ele. Sempre que podia, brincava com o dinheiro, para descontentamento de sua mãe.

"Não brinque com dinheiro!", gritava a mãe.

"Por que não?", a menina perguntava.

"Porque não!", a mãe insistia como as outras mães faziam e logo procurou razões que satisfariam a menina. "É sujo!", ela diria. "O dinheiro é sujo e não deve brincar com ele".

A menina ficou devastada. Ela amava muito o dinheiro, não podia evitar, mas não queria chatear a mãe. Determinada, encontrou uma solução que as satisfaria. A garotinha foi para o quintal, encheu um baldinho com sabão e água quente e, moeda por moeda, nota por nota, gentilmente lavou todo o seu dinheiro.

Mais ou menos na metade do processo, a mãe apareceu.

"O que você tá fazendo?!", gritou. "Pensei que tivesse dito para não brincar com dinheiro!"

"Você disse que o dinheiro era sujo. Mas, veja! Estou lavando!"

Naquele momento, a agora crescida consultora financeira terminou a história, dizendo: "É claro, agora eu sei que lavagem de dinheiro não é coisa boa, mas meu amor pelo dinheiro nunca mudou. Pode ter certeza de que tratarei seu dinheiro com o amor e respeito que ele merece."

Era o começo da história fundadora que ela encontrou voltando à sua infância. Essa foi a mesma estratégia usada para a história da Desert Star Construction e você pode utilizá-la quando começar sua busca pela história fundadora.

Lembre-se do Momento "Tem Que Haver Um Jeito Melhor"

No dia em que o jovem deixou seus óculos em um avião e enfrentou a dura realidade do custo de óculos foi o momento em que o cofundador da Warby Parker disse a si mesmo: "Tem Que Haver Um Jeito Melhor!"

Se você já passou por isso, por esse momento em que você percebe que a maneira como as coisas sempre foram feitas não é a melhor maneira, pode ser que tenha o começo da história fundadora.

Dedique um tempo para pensar no dia em que esse pensamento lhe ocorreu, quando você começou a explorar como poderia ser melhor. O que estava sentindo? Quem estava lá? Como os eventos ocorreram? Inclua a fascinação, a descrença. Inclua as partes que, pensando bem, são engraçadas ou doidas ou encantadoras. Quando eu digo "dedique um tempo", estou falando sério. É fácil, como fundador, estar tão imerso em onde sua empresa está hoje ou focado em aonde sua empresa está indo que se esquece dos momentos em que tudo começou. Mas algumas das melhores histórias fundadoras nasceram dos momentos "Tem Que Haver Um Jeito Melhor!".

Procure por Sangue, Suor e Lágrimas

Era a temporada cinco de *Shark Tank* quando uma mãe ficou cara a cara com os investidores. Ela estava lá para apresentar sua linha de mocassins para bebês e essa mãe sabia do que estava falando. Respondeu todas as duras perguntas que os sharks lançaram. Margens, custo de aquisição ao consumidor. Eles perguntavam, ela tinha a resposta.

E ainda assim a situação estava feia.

Nenhum dos sharks parecia particularmente interessado em investir. Até que a mãe de Utah encontrou a oportunidade de contar sua história fundadora. Não era necessariamente sobre o calçado, mas sobre o outro produto que estava vendendo: ela mesma.

Ela contou o que foi preciso para a empresa começar. Ela tinha a ideia, sim, mas ideias precisam de dinheiro e dinheiro era algo que ela não tinha muito. Em um esforço de angariar fundos suficientes para que os primeiros produtos fossem feitos, ela passou um verão inteiro quebrando vidro de janelas de alumínio. Um trabalho extenuante, cheio de suor e sangue.

Quando os alumínios estavam limpos, ela os levou a um ferro-velho, onde recebeu um total de US$200. Ela usou esse dinheiro para comprar tecido para os primeiros mocassins.

Foi só quando os sharks ouviram sua história que a água do tanque entrou num frenesi alimentar. Porque, fala sério, sapatos para bebês, até mocassins, não são um novo conceito. Nenhum dos sharks se importava com seus mocassins para bebê. Eles se importaram com sua história de "fazer o que for necessário", "derreter no sol de verão", "não tenho medo de trabalho manual", "me observe transformar US$200 em milhões". Agora seus mocassins estão em todos os lados — Nordstrom, nos bebês de meus amigos — tudo porque ela contou sua história de sangue, suor e lágrimas.

Quando se trata se encontrar sua história fundadora, não corra imediatamente para o lado mais bonito. Embora possa ser tentador focar seus sucessos, é melhor procurar na sombra. Os momentos em que nem tudo é arco-íris e unicórnios. A história do Airbnb não é "Tínhamos uma ótima ideia, trabalhamos muito, éramos muito talentosos e espertos e agora temos uma empresa de um bilhão de dólares". A verdadeira história do Airbnb é bem menos radiante e é isso que a torna ótima.

Lembra quando tudo dava errado no seu negócio? Quando as coisas ficaram feias? Quando seus amigos e família ficavam dizendo a mesma coisa que deixava você com vontade de dar um soco na cara deles: "Tudo acontece por uma razão..."?

Lembra disso?

Bom.

Porque é aí que está sua história. Nessas batalhas. Nas lutas sangrentas, cheias de suor, que levaram a eventuais vitórias. É aí que você vai encontrar as sementes de sua história fundadora.

Quatro Armadilhas da História Fundadora (E Como Evitá-las)

Embora a história fundadora possa parecer óbvia, como o feed sem fim da #fail do Instagram de quando uma receita parece tão bonita e fácil online, mas na vida real é risível, há muitos desafios, armadilhas e maneiras de uma história fundadora dar errado.

Armadilha #1: Confundir a História Fundadora com a História de Valor

Comece do começo. Antes de seguir adiante, há uma distinção importante a fazer. A história fundadora não é a história de valor. A história fundadora é essencialmente sobre o fundador. Pode ser que se entrelace com outras histórias e pode ser que ilustre inerentemente o valor do produto ou serviço oferecido. Mas, quando uma história é só sobre o produto, é uma história de valor. Saiba que não são a mesma coisa. Quando você fala apenas do produto, está vendendo o produto, não a si mesmo. Ao contar uma história fundadora, está vendendo você.

Armadilha #2: Não Contar Sua História Fundadora Porque Você Está Cansado de Contá-la.

Nos últimos anos, em qualquer noite que você andasse pela Rua West Forty-Sixth em Nova York, encontraria histeria em massa. Sim, quem conhece a área sabe que a Rua West Forty-Sixth é a Times Square, o que implica caos não importa a hora do dia. Mas a Rua West Forty-Sixth é especial.

É o endereço do Richard Rogers Theater. E é no Richard Rogers Theater que você quer ir se quiser assistir *Hamilton* na Broadway.

Do lado de fora é um tumulto: uma fila de pessoas dá a volta no prédio, esperando ansiosamente para passar pela entrada principal e torcendo para os ingressos de mais de US$500 que compraram no StubHub sejam legítimos. Dentro do teatro é pior. Um caos completo e organizado é um termo generoso. Ainda que pareça que ninguém se importa que a fila do banheiro tenha mais de 100 pessoas e que o preço do copo de plástico seja US$18.

Com muita alegria, 1.319 pessoas tomam seus lugares que têm menos espaço para as pernas do que o assento no voo mais barato e ainda assim a sala se enche de entusiasmo enquanto se preparam para a experiência da vida delas.

Enquanto isso, nos bastidores, o elenco está se preparando para o espetáculo. Admito que nunca estive nos bastidores da Broadway, mas aposto que a energia lá é muito menos ansiosa do que a do público. Pense nisso, os atores vão para o mesmo teatro na Rua West Forty-Sixth seis dias por semana, algumas vezes se apresentando duas vezes ao dia. Eles colocam a mesma roupa. Cantam as mesmas músicas com as mesmas letras e as mesmas notas. Andam para o ponto exato no mesmo palco exatamente da mesma forma em todo espetáculo.

Não sei você, mas eu às vezes fico um pouco ansiosa por causa da monotonia natural da vida adulta — fazer as mesmas coisas entra dia e sai dia. Imagine se fosse seu trabalho! Até que ponto ele o deixa um pouco maluco? Até que ponto você se perguntaria o porquê de tudo aquilo? Até que ponto você desejaria contar uma história diferente ou cantar outra coisa?

Quando falamos sobre sua história fundadora, é muito como a Broadway. Com o tempo, você vai se cansar de cantar as mesmas notas, contar a mesma história. E como você não está ligado a uma união de atores e as próximas falas não dependem da sua, você ficará tentado a mudar, a não contar a história ou talvez a falar sobre novos desenvolvimentos ou estatísticas. Qualquer coisa nova! Qualquer coisa, menos as velhas notas que você está cansado de cantar.

Mas, nesses momentos, pense nos atores da Broadway. E como, apesar de as falas serem sempre as mesmas, eles entendem que a performance não tem nada a ver com elas. Os atores sobem no palco todas as noites para contar a mesma história para novas 1.319 pessoas sentadas no Richard Rogers Theater, ansiosas pela experiência de *Hamilton* pela primeira vez.

Assim como um ator da Broadway ou um palestrante do púlpito que só tem o mesmo material de 2.700 anos com o qual trabalhar, sua história pode lhe cansar de tempos em tempos. Quando isso acontecer, mude seu foco de você para eles.

Sim, a história pode ser a seu respeito, mas contar não lhe diz respeito. Ela pode parecer antiga para você, mas, para a pessoa que a escuta pela primeira vez, é nova como o dia e seu público amará ouvi-la.

Armadilha #3: Pensar Que Não Pode Contar a História Fundadora Quando Você Não É o Fundador

Entendo que este capítulo está direcionado aos fundadores das empresas, os empresários, aqueles que começaram. Mas seria negligente se não reconhecesse que há uma boa chance de você não ser o fundador. Há uma boa chance de você ser um membro comprometido da equipe ou líder da causa que, embora não seja responsável por fundar a empresa, ainda está conectado com a história fundadora e entende a importância de contá-la.

Para você, digo isto: todo mundo pode contar uma história fundadora. E espero que todos o façam! Mesmo que não tenha sido quem construiu tudo, mesmo se for o empregado número 3304, se conhece a história fundadora, tem minha permissão (tá bom, meu apelo) de contá-la. O segredo é: a história se mantém a mesma, apenas a transição para a história muda um pouco.

Em vez de dizer: "Nunca me esquecerei do dia em que fundei essa empresa" (que é um péssimo jeito de começar uma história fundadora, mas vamos em frente), comece com: "Lembro do dia em que ouvi a história de como tudo começou aqui na XYZ." Então conte um pouco das circunstâncias de quando escutou a história. Foi durante sua entrevista? Você leu online?

Então diga: "A história, como me contaram, começou..." E então conte a história fundadora como ela é contada, mas, em vez de usar a primeira pessoa (*eu* me senti, *eu* fiz aquilo), use a terceira (*ele* se sentiu, *ela* fez aquilo).

Finalmente, quando terminar a história fundadora como ela geralmente é contada, adicione uma fala ou duas sobre sua experiência para finalizar. Algo como: "Quando ouvi a história, soube [insira insight relevante e importante], e espero que se sinta assim também." Pronto!

As histórias fundadoras precisam do máximo possível de vozes para contá-las. Nunca permita que o fato de não ter sido quem começou o negócio lhe impeça de contar a história de como começou.

Armadilha #4: Permitir Que o Fundador Relutante Ignore a História Fundadora

Recebi um e-mail de uma mulher depois de uma conferência na qual palestrei. Ela trabalhava no departamento de marketing de uma empresa com uma ótima história fundadora e ela estava desesperada para contá-la.

O problema? O fundador se recusava a deixar.

Se parece familiar para você, deixa eu lhe dizer que sinto muito por você.

Pode ser um desafio se você não é o fundador e sabe quem tem uma ótima história para contar. Mas, diferente da seção anterior, em vez de descobrir como contá-la, você está tendo dificuldade para fazer com que ela seja contada. Isso não é incomum. Os fundadores, principalmente os das gerações anteriores à Geração X, hesitam em contar sua história. Os motivos variam da crença de que um líder da empresa falar como ela começou parece antiquado e de autoexaltação (o que, sim, se feito da maneira errada, uma história fundadora pode parecer rígida, verbosa e até brega) para insistir que a história não é sobre eles, mas sobre "as pessoas, a empresa e os clientes".

Eu fisicamente me arrepiei quando escrevi a última frase.

Sempre que um fundador usa um desses motivos para não contar sua história, *não* os aceite. Porque, embora pareçam motivos nobres para não contar uma história fundadora, são irrelevantes.

Primeiro, se seguir o formato analisado neste livro, se incluir os componentes essenciais (emoções genuínas, esperança, desamparo e tudo o mais que você aprendeu até aqui), a história não será de autoengrandecimento, mas encantadora. As pessoas querem fazer negócios com pessoas e ouvir a história fundadora as lembra que, sim, por trás do site, do marketing, do preço na queima de estoque, há uma pessoa que começou a empresa.

Pode demorar um tempo e demandar um pouco de persuasão. Pode requerer várias tentativas e esforços significativos para que seu fundador deixe de usar a declaração típica da empresa: "Acreditamos em excelência e integridade...blá-blá-blá." Mas eu o encorajo a continuar tentando. Procure momentos que poderiam funcionar como uma explosão na história. E, quando encontrá-los, escreva a história para eles. Lembre-se de que nossas histórias não soam histórias para nós. Nossas histórias parecem com a vida. Sua história fundadora não será uma história para eles e eles só perceberão que há algo realmente bonito depois que contar a história para eles.

E essa, devo dizer, é uma das maiores honras de ser uma contadora de história para outras pessoas. Aquele momento em que você lhes conta a história delas e elas nem faziam ideia de que estavam lá.

A História Fundadora: Analisando os Componentes

Queira você angariar fundos, conquistar mais clientes e consumidores ou recrutar sua equipe dos sonhos, contar uma história é a solução.

E não simplesmente qualquer história. Uma história fundadora.

Felizmente, ao incluir os componentes essenciais do storytelling, essa história basicamente se escreve sozinha. Vamos dar uma olhada em como os quatro componentes aparecem no contexto da história fundadora.

Personagens Identificáveis

Em sua essência, a história fundadora, como você deve imaginar, está centrada no fundador. É construída e contada para posicionar o empreendedor como o capitão certo para o navio dessa ideia. Então, quando falamos de personagens identificáveis, pode ser óbvio que é o fundador. Colocar o fundador à frente e no centro é a única maneira de conhecermos, acreditarmos e torcermos por você.

Óbvio.

E ainda assim é aqui que a maioria das histórias fundadoras dão errado.

Há alguns anos, nossa equipe foi abordada por um fundador que desejava contar a história da empresa dele. Eles tinham tudo o que se desejaria de uma empresa: paixão pelo trabalho, compromisso genuíno com a criação de produtos e serviços excelentes, e a cereja do bolo era que estavam frustrados porque as empresas concorrentes estavam batendo suas vendas e equidade social com produtos inferiores.

Ficamos muito entusiasmados com esse projeto por muitas razões, mas principalmente porque suspeitávamos que estávamos a apenas uma grande história fundadora de nos destacarmos na multidão. Em mercados altamente saturados como este, quando todo mundo diz basicamente a mesma coisa, com o tempo, uma história fundadora bem executada pode elevar uma marca.

Infelizmente, essa história não tem um final feliz.

Depois de semanas de entrevistas, esboços e revisões, ainda não havíamos progredido. O problema? O fundador não queria que a história contivesse pessoas.

O primeiro esboço da história foi clássico, com o personagem identificável sendo o próprio fundador, como deveria ser. Ele rejeitou essa versão, dizendo que não queria que a história fosse sobre ele. Em outra versão, em um esforço de trabalhar criativamente para ultrapassar esse obstáculo, focamos um personagem diferente e usamos outros componentes para trazer a vibe essencial da história fundadora, a que venceria as apresentações. Ele também não a aceitou. Por fim, ele não queria pessoas na história. Queria que ela fosse sobre "compromisso com a excelência" e "melhores ingredientes", o que, como deve ter adivinhado, era exatamente o que seus concorrentes estavam dizendo.

A grande força da história fundadora é que o personagem identificável é óbvio. E, como as pessoas — investidores, consumidores, talentos em potencial — querem trabalhar com pessoas e não empresas sem rosto, ter um personagem embutido como o fundador é vantagem para os dois lados.

Infelizmente, minha equipe e a empresa não conseguiram chegar a um acordo e mutuamente nos separamos. Eu diria quem são, mas não teria nenhuma importância, porque você nunca ouviu falar deles.

Emoção Autêntica

Como aprendemos em nossas pesquisas, incluir emoção em sua história é essencial para que ela seja mais relacionável, atraente e memorável. Simplesmente relatar a ordem em que os eventos ocorreram não conectará a equipe de nenhuma maneira significativa.

Quando falamos sobre história fundadora, seu primeiro passo para adicionar a emoção é considerar com o que o público se importa. O que você quer que eles sintam ou aprendam ao ouvir sua história? Veja alguns exemplos:

Investidores se importam mais com a possibilidade de você sobreviver às provas e tribulações que surgem com o início de uma empresa. Querem saber se consegue lidar com a adversidade, que não é uma carcaça idealista, que já sen-

A História Fundadora

tiu a dor da derrota e voltou com mais determinação. Ao preparar sua história para investidores, inclua algumas das emoções negativas que sentiu: frustração, traição, dúvida. Eles precisam saber que você sentiu tudo isso e os contornou.

Dito isso, a chave para a história fundadora para investidores é equilibrar as emoções negativas com as positivas que surgiram daí: determinação, alívio, orgulho. O contraste entre essas emoções é o que faz com que uma história fundadora seja ótima.

Os clientes se importam mais com a sua conexão com o produto, o serviço e seu comprometimento com a criação de uma vida melhor para eles. Querem saber que você é humano, que por trás da logo e da etiqueta de preço tem uma pessoa com um sonho ou uma solução. Não é diferente de contar a história para os investidores. Inclua como foi sobreviver aos altos e baixos da criação da empresa.

Mas, um pouquinho diferente da criação da história para os investidores, ao contá-la para clientes em potencial, inclua as emoções do que o levou a criar essa solução. Com o que você estava frustrado? Com quais problemas estava lidando? Os fundadores do Airbnb não conseguiam pagar o aluguel e procuravam uma maneira de fechar as contas. O medo de não conseguir pagar as contas essenciais é real para muitos dos clientes do Airbnb que alugam seus espaços. Incluir esse lado da história fundadora entra em sintonia com os clientes que querem uma renda extra e nunca haviam pensado que o espaço sem uso de sua casa poderia ser a resposta.

Novos talentos estão mais preocupados com a sua paixão pelo trabalho. Querem um fundador comprometido, entusiasta e amante do que faz. A paixão é contagiante. Quando contar sua história fundadora para novos membros da equipe, deve incluir amor — o tipo de amor que brilha nos olhos de um pai ou nos de uma mulher que acabou de conhecer seu amor. Em vez de "menino conhece menina", é "fundador cria empresa".

É claro, nenhuma dessas emoções são mutuamente exclusivas. Investidores e clientes querem saber que você é apaixonado pelo que faz, novos talentos querem saber que você enfrentou desafios e sobreviveu. Sua história fundadora deve ser consistente e traços de suas emoções devem ser parte da história independentemente do público. Mas, se quiser colocar uma sobre a outra, é coisa de superprofissional.

Um Momento

O componente mais fácil e geralmente ignorado da história fundadora é o momento. Muitos negligenciam a identificação de um ponto, lugar ou momento específico e fazem uma alusão geral ao tempo. Para evitar esse erro desnecessário, ao criar sua história, inclua um momento específico, como sentar-se na escrivaninha pela primeira vez, ver o primeiro pedido ser feito pela internet ou virar a placa na porta de "fechado" para "aberto". Diga algo como: "Nunca me esquecerei do dia…" ou "Nunca me esquecerei da primeira vez…" ou "Lembro-me quando…" como uma forma de entrar no momento. Mesmo algo simples como uma data, um dia da semana ou o clima satisfará a necessidade de seu público pelo momento.

Detalhes Específicos

Como discutidos, os detalhes são específicos para o público-alvo. Dependendo do que você sabe sobre o público para quem está contando a história fundadora, você incluirá diferentes partes para ajudá-los a conectar a experiência deles com a sua. Se seus clientes acabaram de ter filhos, inclua um detalhe específico com o qual pais de primeira viagem podem se relacionar. Confie em detalhes universais para seu público. Se seu público for de novos talentos, inclua um detalhe específico sobre como é fazer parte de algo com o qual você realmente se importa.

Por fim, o que faz com que uma história fundadora seja inerentemente familiar é a realidade de ser humano. Não tem a ver com números. Não tem a ver com fatia de mercado. Não tem a ver com logos e estratégias de mídias sociais. A fundação de uma empresa tem a ver com uma pessoa em um caminho. Seja o que trilhamos, o que escolhemos ou que estava lá naquele momento, ser humano tem a ver com caminhar.

Sem Segundas Chances

Em última instância, o poder de uma história fundadora é sua habilidade de humanizar a empresa fundada. Para lembrar as pessoas de que, por trás do edi-

A História Fundadora

fício, da logo ou do extrato bancário há uma pessoa que deu início a tudo isso. Não importa se você é o fundador ou se trabalha para uma empresa cuja história da fundação é incrível, espero que você escolha essa história como sua abertura padrão. Em vez de apresentar fatos, estatísticas ou informações, a história precisa começar com as pessoas por trás da empresa.

Afinal, se não começar lá, geralmente não terá a chance de chegar lá.

Com exceção do caso do soprador de vidros na exposição de artesão em Las Vegas em 2013. Você sabe, aquele que me falou o ano em que a empresa começou e que os bowls de vidro eram, sim, bowls de vidro (ora, temos um Sherlock Holmes). Ele soube que eu era contadora de histórias bem quando eu estava indo embora e tentou me chamar de volta porque tinha uma história ótima para contar.

Reconhecendo a oportunidade do metastorytelling, fui ao estande dele no dia seguinte. E dessa vez ele me contou a história.

Os pais dele queriam que ele fosse advogado. Eles não expressavam abertamente esse desejo, mas sempre houve uma pressão sutil para que ele seguisse carreira no direito e tudo o que vem no pacote: prestígio, segurança, dinheiro. Mas a verdade é que ele sempre soube que era um artista. Ele era mais feliz quando estava criando coisas, dando duro em sua veia artística. No entanto, para não decepcionar seus pais — ele deu de ombros, sabendo que era um clássico —, cursou direito e conseguiu um emprego em um escritório local. Ele se deu bem. Muito bem, na verdade. Ele era muito bom naquilo. Mas odiava. Um trabalho de muitas horas, sem alegria. Ele odiava cada minuto.

Para compensar sua infelicidade, se voltou para o crime.

Ele sorriu enquanto deixava essa frase ser absorvida. Assim, sei que não devemos julgar o livro pela capa, mas esse homem de meia-idade com fala mansa, cabelos grisalhos, óculos e sorriso gentil não gritava que era um criminoso.

Seu crime: roubar cacos de vidro descartados.

A caminho de casa uma noite depois do escritório, ele passou por um depósito de uma fábrica de vidros. Como trabalhava por muitas horas, já passava da hora comercial quando estava indo para casa e a empresa geralmente estava fechada. E as latas de lixo estavam sozinhas. Então toda noite o homem parava e revirava o lixo da empresa para pegar pedaços de vidro que tinham jogado fora. Ele os levava para sua garagem e, trabalhando pela manhã, aprendeu como criar as peças que eu via em seu estande.

"E agora é o que eu faço". Ele olhou ao redor do estande, com um olhar sutil que me lembrava o de um pai apresentando seus filhos com um senso de orgulho e satisfação. Um olhar que tenho certeza que seu pai nunca lhe deu, mas um olhar que fazia com que isso não importasse.

"Obrigada", disse eu. "Obrigada por compartilhar a história comigo". "Obrigado por voltar para ouvi-la. Tinha me esquecido dela", disse ele.

Uma das histórias mais fáceis de esquecer de contar é a fundadora, porque entre todo o drama que envolve tirar uma empresa do papel, é fácil que ela se perca. Quando falamos de empresas, as histórias geralmente não se parecem com histórias, soam como parte de uma vida atribulada. Mas ignorar a história fundadora significa perder uma oportunidade poderosa de se conectar com investidores, de se diferenciar da competição e de finalmente conseguir um talento para uma equipe batalhadora. O soprador de vidro me pediu para voltar e ouvir sua história e eu voltei. Mas, com muita frequência, não se tem uma segunda chance para contar a história.

Fundadores bem-sucedidos, como os do Airbnb, no final, tornam-se mais do que isso. Suas empresas crescem para algo maior, algo com vida própria. Mais clientes chegam. Mais colaboradores aparecem. Dois caras em uma garagem se tornam um gigante da tecnologia. Três colchões de inflar no chão tornam-se centenas de milhares de camas ao redor do mundo. O que era uma startup pequena, minguada, imprevisível, torna-se uma organização.

Quando isso acontece, os fundadores também se transformam. Sim, eles sempre serão os fundadores, mas agora são outra coisa: líderes.

E isso, dizem, é uma história totalmente diferente.

CAPÍTULO SEIS

A História do Propósito

Como Ótimos Líderes Usam A História Para Alinhar e Inspirar

> *As histórias constituem a única arma mais poderosa no arsenal de um líder.*
> —Howard Gardner, Harvard University

E ra julho de 2008.

Mais de 200 vendedores do mundo todo estavam unidos no salão de um hotel para conhecer novos produtos, obter novas ideias de vendas e celebrar o sucesso. Era sempre o ponto alto do ano: uma festança, muita gritaria, risadas e movimentação. E esse evento não seria diferente, mas...

Leia a primeira frase de novo.

Era julho de 2008.

Qualquer vendedor, principalmente os que fazem vendas 100% comissionadas, oras, qualquer vendedor nos Estados Unidos, lhe dirá que 2008 não foi um ano de celebração. Um ano de consolo? Sim. Um ano de cortes? Sim. Mas um ano de celebração? Deixa eu lhe perguntar, como acham que seriam as gargalhadas em um funeral? Isso mesmo. Era 2008.

E, apesar da realidade de 2008 ser dolorosa para todo mundo, era especialmente complicada para um membro da equipe executiva, um jovem que você já conhece, meu atual marido Michael. Desde 2002, ele estava trabalhando nos bastidores para a empresa como o cara do financeiro. Ele trabalhava incansavelmente, como os caras do financeiro fazem, para deixar a contabilidade da empresa certa e o fluxo da renda saudável e servir como um parceiro estratégico dos proprietários conforme conduzem o cenário financeiro de alguma forma tumultuado. Michael era bom no que fazia, tão bom que os proprietários decidiram dar a ele um papel de mais destaque. Por que manter essa arma secreta em segredo? Quando os fogos de artifício explodiram, marcando o fim de 2007 e o começo de um novo ano, o papel de Michael mudou e sua festa de apresentação oficial foi marcada para o evento anual de vendas de julho de 2008. Ele recebeu 30 minutos para simultaneamente se apresentar como líder emergente e fazer um discurso de união.

Para os proprietários, era uma oportunidade para o novo líder mergulhar de cabeça e mobilizar a equipe de vendas para o ano que se iniciava.

Para Michael, era um campo minado assustador de problemas.

Quando tudo vai bem, esse tipo de discurso não é difícil. Os riscos são baixos e o moral está alto. Quando está auxiliando uma organização próspera em uma economia em expansão, é possível abrir seu caminho com algo parecido com: "Estou superfeliz de estar aqui! Vocês são os melhores! Arrasaram ano passado e vamos arrasar ainda mais nesse ano!" Em essência, você pode fazer com que a palestra seja semelhante a uma comemoração e um 'toca aqui' e descer do palco com uma salva de palmas.

Mas, nesse caso, o mercado estava em decadência, o céu estava desmoronando e Michael conversaria com, se não a tripulação de um navio naufragando, um público muito hostil e ansioso. Uma comemoração teria uma chance maior de gerar uma briga do que uma salva de palmas.

Michael sabia melhor do que qualquer um os desafios que estavam enfrentando. Afinal de contas, ele era um cara dos números. Ele já havia determinado que um discurso 'vamos em frente' não somente soaria vazio, mas provavelmente causaria mais mal do que bem. Como a empresa estava enfrentando águas turbulentas, ele precisava se conectar com um público incerto, cético, em um nível mais profundo.

Eles não precisavam de um discurso de união ou de um líder de torcida. Eles precisavam de uma história.

Uma história real, pura, autêntica.

Uma história que lhes desse uma razão para continuar, para não desistir, embora todos os sinais apontassem para a necessidade de abandonar o navio.

Michael precisava de uma história do propósito.

A História do Propósito

Uma recapitulação rápida: há quatro histórias-chave que comandam o sucesso de uma empresa. Até agora, examinamos a história do valor, que descreve como seu produto ou serviço impacta o usuário. A segunda é a história fundadora, usada para aumentar a fé do colaborador na pessoa que criou a empresa. Essas duas histórias são quase sempre as primeiras a serem contadas — são o que primeiro acontece em uma empresa. Invariavelmente, empreendedores e o valor, que estão tentando trazer ao mundo, são as primeiras paradas na jornada do negócio.

À medida que a empresa cresce, no entanto, uma coisa sempre acontece: novas pessoas chegam. Empregados, contratados, temporários e freelancers começam a preencher o empreendimento em crescimento. Essas pessoas são fundamentais a uma empresa que cresce. Além de certo tamanho, é impossível crescer sem mais pessoas. Mas pessoas novas também apresentam um problema: não são o fundador. Não têm as mesmas habilidades, não são impelidas pela mesma motivação e, frequentemente, não entendem com tanta clareza o que a empresa faz ou o porquê.

Alinhar o que pode, eventualmente, se tornar um pequeno exército de pessoas e inspirá-las a agir todos os dias é assustador, mas uma tarefa fundamental, para o qual líderes seriam inteligentes se criassem um storytelling. A história do propósito oferece aos membros de uma organização estabelecida uma razão para irem trabalhar todos os dias. A se comprometer, cooperar e realizar algo juntos.

Propósito Acima do Lucro

Lembra-se de Paul Zak? O cara da oxitocina que nos ensinou a importância da confiança e da reciprocidade. Ele observou: "Sabemos que as pessoas são substancialmente mais motivadas pelo propósito transcendente (como melhorar vidas) de sua organização do que pelo propósito transacional (como vender bens e serviços)."[1]

Propósito transcendente versus transacional. No fim das contas, as pessoas em sua organização podem ficar animadas com o que você vende, mas ficarão muito mais animadas com o porquê. É isso que está no coração da história do propósito e como os líderes podem eliminar o vão com suas equipes.

Pesquisas apoiam essa ideia. As empresas, que declaram um propósito que não seja lucro e se alinham a isso, obtêm mais lucros com o tempo. Pode parecer contraintuitivo, mas, na ausência de um propósito, o lucro aparece para preencher o vazio.[2]

Pense nos calçados Toms com a abordagem compre-um-dê-um. Os das meias Bombas com a mesma promessa. Ou a Warby Parker com a doação da mesma quantia que venderem. Pense nisso. Se empresas de meias, de calçados e de óculos podem tentar salvar o mundo com um pé e um olho por vez, o que isso nos diz sobre os humanos e os negócios?

Nós realmente precisamos muito do *porquê* em nossas vidas.

Parte de nossa necessidade de ter um propósito pode ser intrínseca a nós. Temos um hábito, enquanto humanos, quase inescapável de querer dar significado às coisas. De uma perspectiva evolucionária, ser orientado por objetivos e propósitos é uma vantagem. Caminhar sem rumo ou caçar e reunir, por exemplo, têm resultados completamente diferentes. Ambos envolvem andar, mas, da primeira forma, você morreria de fome.

Em nosso âmago, queremos um propósito e dar significado às coisas, o que é em parte o porquê de as histórias serem importantes, mas também o porquê de o propósito ser tão importante no trabalho. Em um vácuo, atribuiremos significado onde não existe. Fazemos o mesmo no trabalho. As pessoas querem um propósito. Se não lhes der, elas o criarão. Conte suas histórias primeiro, caso contrário alguém pode contá-las por você e pode acabar não gostando da versão delas.

O Propósito (História) do Propósito

Entre com a história do propósito. Um dos tipos mais versáteis de história, as histórias do propósito podem eliminar todo tipo de vão interno da empresa. Em essência, as histórias do propósito se referem ao alinhamento e à inspiração inerente. E quanto maior uma empresa fica, mais essas duas coisas importam. Juntos, o alinhamento e a inspiração criam propósito e são necessários os dois para progredir. Felizmente, a história do propósito pode alinhar as equipes de várias formas e por várias razões.

Alinhamento ao Redor de um Objetivo ou Iniciativa

Pesquisadores investigaram por muito tempo os efeitos do storytelling como uma forma de os humanos se conectarem e se organizarem com sua compreensão de mundo. Recentemente, pesquisadores quiseram explorar o impacto do storytelling em uma equipe: em especial o impacto de uma história em modelos mentais de equipe e a maneira como os membros entendem informações relevantes. Mais alinhamento significa processos em equipe mais aprimorados e desempenho aperfeiçoado.[3] Em suma, os pesquisadores queriam determinar se as equipes funcionariam melhor, resolveriam problemas com mais coesão e colaborariam de maneiras mais eficazes se as histórias fizessem parte do processo de preparação.

Para testar essa e uma variedade de outras hipóteses, eles dividiram os participantes em trios e pediram que os grupos participassem de uma série de simulações online em que cada membro recebia um papel como policial, bombeiro ou operador de remoção de materiais perigosos. As simulações eram uma situação de crise em que os membros do grupo recebiam como tarefa "a liberação de um produto químico no ar do campus".[4] Membros do grupo tinham que trabalhar juntos para eficaz e efetivamente resolverem o problema.

Para testar os efeitos do storytelling, metade dos grupos assistiu a um vídeo instrucional que incluía uma história sobre um acidente no laboratório de química e um aluno que foi severamente machucado porque a equipe de resposta não soube se coordenar. Os grupos de controle assistiram a um vídeo que simplesmente declarava a importância da colaboração e do uso do tempo, mas não incluía uma história para ilustrar essas questões.

No fim, as equipes que ouviram a história foram "mais parecidas em sua visão sobre como os eventos deveriam ser solucionados do que as equipes que receberam a mesma mensagem em um formato que não tinha história"[5] e o uso de histórias foi uma abordagem mais efetiva para que todos falassem a mesma língua.

Os resultados do estudo não surpreendem. O storytelling, enquanto método de unificação, esclarecimento e motivação de grupos de pessoas, tem sido usado há anos e com objetivos e iniciativas muito diferentes tanto dentro quanto fora dos negócios.

Estava em um quarto de hotel da Filadélfia na noite da terça feira de eleições de meio de mandato em 2018. Pedi serviço de quarto, sentei na cama e, por curiosidade, fiquei mudando os canais entre as duas maiores emissoras dos dois partidos diferentes. Embora o comentário sobre cada nomeação fosse completamente o oposto dependendo do resultado, vermelho ou azul, uma coisa era indistinguível: ambos repetidamente mencionavam as histórias que os vários candidatos contaram durante as campanhas. Ambos os lados reconheceram o poder das histórias contadas e a falta gritante que fazia quando não havia história.

É claro, as disputas políticas são apenas uma das formas de usar as histórias para alinhar e motivar. Penso na equipe que entra no vestiário no intervalo perdendo por muitos pontos e a história que o treinador deve contar para inspirar a vitória. Penso nas centenas de perfis do GoFundMe que já li cujas histórias foram criadas para inspirar doações para que os sonhos se tornem realidade. Me lembro de um workshop que promovi, em que o objetivo número um da empresa era garantir que os membros da equipe seguissem um protocolo de segurança e como compartilhar histórias de momentos devastadores em que o protocolo não foi seguido ajudou a equipe a manter-se comprometida com o objetivo.

Se você tem que unir uma equipe e, por alguma razão, está com dificuldades, uma história do propósito é provavelmente a ponte que precisa.

Alinhamento Com Relação a Um Assunto Delicado

Falei na conferência nacional de vendas para uma grande empresa de tecnologia. Minha apresentação estava marcada para o meio da manhã, mas cheguei ao salão cedo para que pudesse assistir a algumas das outras palestras, ou seja, as ministradas por executivos da empresa. Encontrei um dos últimos assentos vazios no salão lotado e me aconcheguei bem a tempo de ouvir o vice-presidente de vendas. Ele era, obviamente, bem respeitado e abriu sua declaração com uma história.

Ele nos contou que sua filha mais velha estava prestes a se formar no ensino médio e que ele sentia que seus dias de transmitir sabedoria paterna estavam chegando rapidamente ao fim. Então ele decidiu marcar uma noite especial apenas para os dois. O público riu conforme ele descrevia os acontecimentos. A filha dele fez reserva no restaurante mais caro da cidade. A primeira vez que ela desceu as escadas, ele a fez se trocar porque a roupa dela era imprópria para o restaurante que havia escolhido. Contou como ela desdenhou da cesta de pães e mal tocou na comida, resmungando algo sobre querer entrar no vestido do baile.

Inabalável, ele continuou com seu plano de oferecer sabedoria. "Mas fiz um pequeno ajuste, em vez de conceder *toda* a minha sabedoria, concederia apenas um conselho". O público ria com ele, demonstrando empatia pelo pobre pai desavisado. Assim que o garçom retirou as entradas, o homem contou para sua filha a importância de prestar atenção nos detalhes. "Em tudo", ele disse. "Nas aulas. Em seu plano de estudos. Nas suas amizades. Nas suas relações amorosas". Ele olhou para ela e ela nem tentou fingir interesse. Ainda assim, ele perseverou.

Depois de vinte minutos da palestra "prestar atenção aos detalhes", ele ainda não recebia nenhuma reação de sua filha. Ele finalmente desistiu. "Querida", disse, "eu estou vendo coisas ou você nem está prestando atenção em mim!?" Ela olhou para ele na maior cara de pau. "Estou tentando..." Ele se segurou. "Tentando ensinar a você como os detalhes são importantes, que eles realmente importam!" Ele não conseguia esconder sua agitação. "E parece que você nem se importa!"

Ele parou.

Ela o encarou.

Ele levantou a sobrancelha, sinalizando a ela. "Vai, fala alguma coisa."

Ela revirou os olhos e disse. "É muito difícil te levar a sério, pai, quando você fala tanto sobre prestar atenção aos detalhes, mas está usando duas meias diferentes". Ela pausou. "Só tô falando".

O salão ficou quieto e o público sentiu coletivamente a dor de cair do cavalo. O vice-presidente sorriu encabulado e admitiu que sua filha estava certa e, o mais importante, que a empresa tinha cometido o mesmo pecado, dizendo uma coisa e fazendo outra. "Entendo que nossa casa pode parecer dividida às vezes, que há o escritório e você, nossos representantes dedicados. E que nós da matriz passamos mensagens confusas. Pregamos a importância de aprofundar os relacionamentos com os cliente atuais, mas só os premiamos quando trazem novos". Mesmo no salão escuro, pude ver os representantes trocando olhares.

"Quero me desculpar por isso", disse ele. "E prometer que, no futuro, seremos mais consistentes, que o que falarmos, nós também faremos".

"Quanto à minha filha", ele sorriu, "algo me diz que ela ficará bem na faculdade. Com ou sem minha sabedoria".

Não podia acreditar. Era a história do propósito perfeitamente executada. Não muito dramática, totalmente relacionável e ilustrava perfeitamente o ponto. É claro, ele poderia ter subido ao palco e falado sobre as iniciativas da empresa ou dito: "Estamos comprometidos a ouvir mais de vocês". Mas, como o Michael, na história do começo deste capítulo, aquelas palavras corriam o risco de soarem vazias e banais.

Mas esse executivo escolheu uma história para ajudar a emoldurar a estranha conversa. Ao recontar outra vez que ele havia percebido seu erro, o público estava aberto a ouvir a mensagem como um todo.

Alinhamento Com Relação Ao Que Você Realmente É

Sodexo ama comida.

A divisão culinária da gigante de serviço alimentar quer que você saiba disso. Bem, sim, eles querem que *você* saiba disso, mas na verdade querem que os clientes e clientes em potencial saibam disso. E quando recrutam mais chefs para cozinhar em suas cozinhas ao redor do mundo, de escritórios corporativos, hospitais a atrações e outros, querem que os chefs saibam que a Sodexo compartilha seu amor e paixão por comida.

O problema, é claro, é que só dizer "Somos apaixonados por comida" ou "Amamos comida" não é suficiente. A Sodexo quer que as pessoas sintam seu amor. Quer que as pessoas se comovam. Não quer deixar nenhuma dúvida que, quando envolve comida, a Sodexo é mais do que a folha de lucros e perdas. A Sodexo ama comida.

Como poderia comunicar esse propósito? Talvez você saiba. Contando uma história do propósito.

A história chegou até nós em um workshop de storytelling de 2016 e depois foi mais desenvolvida, roteirizada e, por fim, se tornou um vídeo curto para a talentosa equipe de filmagem de Seattle, LittleFilms, em 2017.

Durante o workshop, o público de cem pessoas se dividiu em grupos menores e cada um deles era responsável por encontrar e criar uma história que podia ilustrar algumas das mensagens mais importantes sobre o que a equipe de excelência culinária era. Um grupo ficou responsável por abordar o conceito de amor pela comida. Depois de várias ideias, um homem, um chef, contou uma história de seu amor pela comida.

Quando tinha oito anos e morava em Nova Délhi, ele se lembra de uma casa cheia de familiares — seus pais, tias, tios e primos. Muitas pessoas que seguiam direções diferentes. Era barulhenta e caótica e cheia de alegria. Toda noite, eles se sentavam à mesa para comer. Toda noite, eles compartilhavam suas diferentes histórias do dia, das comidas e dos sonhos.

Olhando pra trás, ele pensou que essas experiências, essas refeições junto com sua família poderiam ser o motivo pelo qual ele ter se tornou chef — mas não pelos motivos que pensamos.

Quando ele fez 13 anos, todo mudo começou a se mudar. As refeições, as histórias, tudo mudou. Por anos depois daquilo, ele ficou obcecado por aprender as receitas daquela época, os pratos que comia quando garoto naquela mesa de jantar de Nova Délhi. Mas, embora pudesse recriar a comida, o sabor nunca era o mesmo.

Até que ele entendeu o porquê.

Porque agora, quando ele tira um momento para parar de pensar no trabalho, ele vê uma família: muitas pessoas seguindo em direções diferentes, mas parando para comer; chefs rindo, trabalhando, cozinhando; uma cena barulhenta e caótica, mas cheia de alegria. De repente, ele está de volta a Nova Délhi, à mesa, jantando com sua família.

Então percebeu por que, depois de tantas tentativas, não tinha conseguido recriar as memórias somente com as receitas.

Porque a comida é mais do que ingredientes. O amor da comida vem do tempo juntos. Das pessoas compartilhando histórias e sonhos. Houve um tempo em que ele pensou que ser chef era criar comida. Hoje em dia, ele sabe que ser chef é criar uma experiência e é o que ele faz todo dia na Sodexo.

Quando Raj, o chef, contou aquela história na frente de todo o grupo do workshop, não houve um olho seco no lugar, inclusive o meu. E apesar de o clima no dia todo tivesse sido positivo e para cima, houve uma clara mudança depois de seu compartilhamento — um orgulho mais profundo, um significado maior para o que todos eles faziam.

Sim, todos sabiam com seus cérebros que a Sodexo ama comida. Mas foi só quando ouviram a história do chef que sentiram o que aquilo significava. E se conectaram a isso. E foram revigorados. Depois do workshop, recebi muitos cumprimentos e elogios das pessoas que estavam lá, mas sabia que tinha sido aquela história e as outras que tínhamos ouvido, não as seis horas de conteúdo que eu havia ministrado, que fizeram com que o workshop fosse o evento gratificante e cheio de propósito que acabou sendo.

Uma única história do propósito tem a habilidade de unir equipes inteiras de pessoas e reconectá-las ao significado mais profundo de seu trabalho.

A Chave Para Uma História do Propósito de Sucesso

Quando falamos de contar uma história do propósito de sucesso, tem uma coisa que importa mais do que qualquer outra, mais do que os componentes, mais do que os detalhes que você inclui. As histórias do propósito vivem e morrem no quão bem e com que força transmitem uma mensagem específica. A história do propósito depende, primeiro, da clareza da mensagem e, depois, de quão claramente a história ilustra essa mensagem.

Em outras palavras, todas as histórias do propósito começam com essa pergunta essencial: Qual é a minha mensagem? Dito de outra forma: O que quero que meu público pense, sinta, saiba e faça ao ouvir minha mensagem?

A resposta àquela pergunta é o seu norte. É o que lhe guiará quando decidir que história contar. Determinará quais aspectos de uma história você deixará de lado por causa de tempo ou relevância.

Lembra da equipe do Maricopa Medical Center no Capítulo 02? A que estava tentando angariar fundos para a fundação que contava com histórias verdadeiras, vindas do coração, para gerar doações? Bem, antes que a doação começasse, antes que o jantar fosse servido, o novo CEO tinha que fazer um discurso. Tinha que ser uma declaração do que abordariam no evento. Mas ele era o novo CEO de uma organização que estava lidando com dificuldades e o discurso tinha que ser muito mais do que aquilo. Tinha que ser uma história do propósito. Era sua única chance, com os colaboradores mais importantes reunidos, de comunicar de forma real, autêntica e tocante por que eles deveriam continuar a acreditar — acreditando nele, sim, mas muito mais na instituição como um todo.

A mensagem que ele queria transmitir? Deveriam ter orgulho do que é a organização e do que ela significa: saúde de qualidade para os outrora esquecidos, compaixão pelos mais vulneráveis.

Com isso como nosso norte, fomos ao trabalho e, com um pouco de pesquisa, descobrimos a história perfeita para conectar o público com o propósito deles. Quando chegou a noite do evento de angariação de fundos, em vez de abrir a noite com estatísticas, o CEO contou uma história.

Era a história de um de seus primeiros eventos como o novo CEO, uma discussão na câmara sobre o financiamento que esperavam ser aprovado para fornecer fundos extremamente necessários. Ela aconteceu em uma sala de um edifício comunitário, com cadeiras dobráveis de metal organizadas em fileiras e uma mesa no fundo com garrafas de água e cookies comprados no mercado. O CEO lembrou de ver as pessoas entrarem e tomarem seus lugares e, quando o anfitrião deu as boas-vindas para quem estava ali reunido e o CEO se preparava para subir no palco, percebeu algo de relance. Um homem entrando na sala.

Era claro, mesmo de longe, que o homem não tinha nenhum recurso. Talvez estivesse em situação de rua. Se ele queria estar lá para a reunião ou só aconteceu de ver uma multidão e quis ver o que era, o CEO não tinha certeza. De qualquer maneira, o homem entrou e foi para a frente, ficando bem onde o anfitrião estava.

Agora, em qualquer outro lugar, em uma audiência pública de qualquer outro lugar, alguém da equipe teria se aproximado do homem desgrenhado e o escoltado para fora, sussurrando, "Esse evento não é bem para você", enquanto todo o resto do público se mexeria desconfortavelmente nos assentos, esperando que o homem saísse sem fazer estardalhaço.

Mas não foi assim nessa audiência.

Sim, muitas pessoas se levantaram e se aproximaram rapidamente do homem, mas não para tirá-lo de lá. Alguém trouxe uma garrafa de água. Outra trouxe uma cadeira de metal para que ele se sentasse. E outra pessoa trouxe um guardanapo com vários tipos de cookies.

Quando o CEO chegou a essa parte da história, parou brevemente para que a cena fossem imaginada. A sala de potenciais doadores no evento sequer respirava. O CEO retomou seu discurso, mencionando algumas premiações recentes, incluindo brevemente o tipo de informação que o público provavelmente espera de uma abertura de um evento de angariação de fundos. Mas, bem antes que alguém pudesse limpar a garganta, o CEO voltou à história do homem desgrenhado.

"Me lembro daquela noite de audiência. Penso no homem que teria sido afastado pelo resto do mundo. Mas vocês — nossas pessoas, nossa comunidade Maricopa — deram a ele alguns momentos de dignidade com algo tão simples quanto uma garrafa de água e um punhado de cookies. E são nesses momentos que deixamos nosso legado. Obrigado por um primeiro ano maravilhoso. Tenho orgulho e a humildade de estar em sua presença todos os dias".

Foi isso.

Ele se afastou do pódio com um imenso aplauso do público que, tenho certeza, ainda não entendia muito bem o que tinha acabado de acontecer. O mestre de cerimônias agradeceu a ele e convidou o público a desfrutar do jantar e "o cookie especial que foi deixado em cada um de seus lugares".

Com uma história que deixava uma mensagem superclara, o novo CEO uniu os colaboradores um tanto céticos e o propósito geral prevaleceu.

Uma Advertência

Dito isso, tem um lado negativo ao sucesso da história do propósito: há pouca margem para erro quando se trata de transmitir a mensagem que você quer na história que você conta.

Por natureza, o personagem principal de uma história do propósito (como aprenderemos na seção dos componentes deste capítulo) é tipicamente o líder que conta a história. O que não tem problema, pois é exatamente como deve ser. Mas, como esse é o caso e como, por padrão, você está em uma posição de liderança na empresa que permite que conte uma história do propósito (está acompanhando?), se contar uma história que não ilustre perfeitamente sua mensagem, se contar uma história que deixe seu público se perguntando *O que ele quis dizer com isso?*, você terá cometido o pecado capital do storytelling: contar uma história apenas pela história. Não ligar meticulosamente sua história à sua mensagem pode ser um tiro pela culatra. Em vez de ser percebido como um líder inspirador, corre o risco de ser rotulado como arrogante.

Agora, é claro, *haters gonna hate* [odiadores odiarão], mas, ao gastar um pouco mais de tempo para garantir isso, no fim de sua história, a equipe entenderá melhor a real iniciativa, missão ou objetivo, o que lhe poupará muito dano.

Segredo da História do Propósito

Parece fácil, não? Apenas esclareça sua mensagem e encontre uma história. Qual é o grande problema? Ainda assim, se já tentou, é muito mais difícil do que parece. Não fique desanimado se já tentou contar uma história do propósito e não conseguiu, porque, apesar de ter a mensagem, não conseguiu colocar as mãos em uma história. Apesar de não haver atalhos na vida e de nada sair de graça, há uma maneira simples de descobrir sua história do propósito e tirá-la das cavernas mentais em que ela tende a se esconder.

Uma vez que saiba com clareza que mensagem quer passar, o próximo passo é se perguntar: Quando aprendi essa lição? Quando descobri essa verdade?

Vamos voltar ao vice-presidente de vendas da empresa de tecnologia que queria passar a mensagem que às vezes a corporação falava uma coisa, mas fazia outra, e que isso era um problema. Quando ele se fez a pergunta "Quando aprendi isso?", a história do jantar com sua filha emergiu. Para o CEO do Maricopa Medical Center que queria que sua mensagem unisse os colaboradores com orgulho do que fazem lá, ele se perguntou: "Quando já vi nosso propósito real em ação?" Ele se lembrou do homem em situação de rua que havia sido tratado com respeito.

Para Michael, o jovem executivo do começo deste capítulo que estava passando para um cargo de vendas durante uma crise financeira nacional, a mensagem era: "Sei que as coisas são difíceis, mas, se você desistir, se arrependerá."

Quando ele aprendeu essa lição? Na equipe de polo aquático no último ano de faculdade.

A História do Propósito

Quando chegou a hora de Michael subir no palco na conferência de sua empresa, ele estava preparado, mas nervoso. Sabia que sua abordagem não seria a esperada pelo público, principalmente em uma conferência de vendas e especialmente vinda de um ex-financeiro.

Ele esperou o mestre de cerimônias apresentá-lo e, com os nervos à flor da pele, subiu ao palco e se preparou para o primeiro discurso desde as aulas de inglês no ensino médio. Um discurso que começava com uma história do ensino médio.

Era seu primeiro ano. Michael estava andando no campus em um dos primeiros dias quando um professor o chamou do outro lado da quadra. Era o treinador de polo aquático. "Oi", disse ele, "qual a altura do seu pai?"

"Uns dois metros", Michael murmurou como só um aluno de ensino médio sabe.

"Você precisa jogar polo aquático", disse o treinador.

Michael expressou humildade e descrença quando relatou a maneira como foi recrutado para jogar um esporte que nunca havia jogado e do qual sabia pouco. Falou para o público que o treinador, em uma tentativa de persuadir Michael um pouco mais, o levou ao campeonato universitário de polo aquático da 1ª Divisão entre UCLA e Stanford.

Michael recontou o momento em que, sentado nos bancos de metal gelados da arquibancada e assistindo aos atletas na piscina com admiração, decidiu não só jogar polo aquático, mas algum dia participar do campeonato.

É claro, um campeonato universitário estava anos à frente, o que significava que o tempo estava a seu favor. Essa foi uma vantagem para Michael quando começou a resolver alguns pequenos obstáculos: não saber o que faz um batedor de ovos (o de natação, não de culinária) e um leve desgosto por sungas, para citar dois. Sem querer que isso fosse um empecilho, Michael começou a trabalhar.

A partir daquele momento, Michael era o primeiro a entrar e o último a sair da piscina. Sobreviveu semanas infernais e dois treinos diários e depois ia para a academia levantar peso. Também trabalhou seu estado mental. Michael era esquentadinho, então trabalhou para gerenciar seu temperamento e canalizar essas emoções em um jogo melhor.

Demorou muito, exigiu muito trabalho, mas, no final, valeu a pena.

No primeiro ano, Michael se tornou capitão da equipe, sua primeira posição de liderança. No último ano, foi recrutado para jogar pela UCLA. Tudo ia conforme seus planos.

Nesse momento, Michael pausou. Não por efeito dramático, mas porque é aqui que tudo se tornava real. Ele respirou. "Quando cheguei na faculdade, as coisas mudaram. O nível do jogo era maior. Os caras eram maiores e melhores. Tinha que dar mais duro. Tinha que ganhar mais peso, mais músculo, mais tudo".

No início, fez o que tinha que fazer. Mas gradualmente começou a escorregar. Não era mais o primeiro a entrar e o último a sair da piscina. Sua atenção e comprometimento oscilavam. Ele sabia que seria difícil. Não tinha medo do difícil, mas era mais difícil do que esperava.

Um dia, o treinador o chamou e disse: "Veja, tenho caras mais novos do que você, mais rápidos do que você e que se importam mais do que você. Você precisa dar tudo de si ou sair da equipe."

Era o último ano de Michael. Ele estava meio que de saco cheio. Então saiu.

"Olhando para aqueles dias na faculdade", Michael explicou para um público extasiado, "percebo agora que eram como uma crise nos negócios. Parte do curso natural da vida. Mas, na época, não tinha a experiência e a maturidade para perceber que um momento difícil é na verdade uma oportunidade de dar a volta por cima e seguir em frente".

Nesse momento, daria para ouvir uma pena caindo no salão. Michael foi para a frente do palco.

"Tinha 14 anos quando decidi participar daquele campeonato, assistindo aos jogadores e jurando estar naquela piscina um dia".

Ele respirou novamente.

"E lá estava eu. Sete anos depois. Sete anos de trabalho árduo, melhoras constantes e uma decisão de desistir depois, me descobri de volta nas arquibancadas, vendo meu time ganhar o campeonato nacional — do banco frio de metal".

Ele sacudiu levemente a cabeça. O público engoliu em seco.

A lição que Michael aprendeu aquele dia é uma de que nenhum de nós precisa, mas, naquele dia em 2008, foi exatamente o que aquela sala cheia de vendedores desencorajados precisava.

Com ela, Michael disse aos vendedores que estavam face a face com uma escolha parecida. Poderiam entrar na piscina e trabalhar, acreditando que, quando as coisas estão difíceis, há uma oportunidade no futuro. Ou poderiam desistir.

"Assisti àquele jogo da arquibancada foi a decisão de que mais me arrependo na vida. Sei que as coisas estão difíceis agora. Sei que a piscina está muito gelada, os treinos muito longos, as recompensas parecem estar tão distantes. Mas esse é nosso campeonato. Me recuso a desistir antes de ganhar".

Aquele discurso em julho de 2008 foi um divisor de águas tanto para Michael quanto para a empresa. Em vez de um público hostil ou desinteressado, encheu a sala com aliados que batalharam por um objetivo em comum. A sua história do propósito inspirou sua equipe. Deu a eles uma razão para dar o melhor para o trabalho, para trabalhar em direção a um objetivo em comum, sair da tempestade da recessão e emergirem mais fortes e melhores do que nunca. Sem arrependimentos.

A História do Propósito: Análise dos Componentes

Uma vez que sua mensagem esteja clara e você tenha buscado em sua carreira e sua vida usando o segredo acima ou o seu próprio para encontrar uma história que casasse perfeitamente com ela, seu próximo trabalho é incluir os quatro elementos que fazem uma história grudar.

Personagens Identificáveis

Mais do que com qualquer outra história essencial — cujos personagens principais algumas vezes são os consumidores, como na história do valor ou um colaborador contando a história fundadora no lugar do fundador —, o personagem identificável em uma história do propósito é quase sempre o contador da história. O líder que aprendeu a lição. A pessoa que passou pela experiência. Embora seja possível contar uma história do propósito sobre outra pessoa, as melhores são sobre si mesmo.

Isso é empolgante e também desafiador.

Empolgante porque as opções para as histórias que você poderia contar são limitadas apenas pelo número de dias que se lembra de viver. E falo isso literalmente, não existencialmente. Como o personagem identificável significa que qualquer momento em sua vida pode se tornar uma história do propósito se a corresponder à mensagem certa. Por exemplo, uma das minhas histórias do propósito preferidas foi uma que ouvi quando um palestrante estava unindo e inspirando o público para seguir o próprio propósito. Ele compartilhou sua experiência de falência e como teve que ir morar com a namorada. Seu escritório era uma mesinha minúscula enfiada do lado da cama deles. Uma noite, a namorada chegou, ele estava trabalhando na mesinha e todas as contas e papeladas de sua falência estavam espalhadas pela cama. Ela não queria distraí-lo, mas já era tarde, então ela entrou e meio que se enfiou embaixo das cobertas embaixo de toda a papelada. Ele olhou pra ela, dormindo embaixo dos papéis dele e pensou: *Essa é a última vez que ela tem que dormir sob o peso das minhas contas*. Aquele momento se tornou o combustível para nunca desistir.

Embora ser o principal personagem identificável abra possibilidades ilimitadas de material para a história do propósito, como todo Homem-Aranha sabe, com grandes poderes vêm grandes responsabilidades. Ainda que o personagem principal seja frequentemente o líder, a história é na verdade sobre o público. Sim, a história do polo aquático de Michael era sobre ele, mas foi criada para que o público se colocasse no lugar dele. Sim, o CEO do Maricopa Medical Center contou uma história sobre sua primeira audiência pública, mas foi especialmente criada para que o público pudesse vê-los na reunião e sentir o mesmo orgulho que quem estava presente sentia.

A chave para um bom uso de personagens identificáveis em uma história do propósito é revelar detalhes sobre si mesmo. Algo tão simples quanto o que você estava vestindo naquele dia, uma observação específica ou um pensamento que teve. Mas, ao fazer isso, pense em seu público. Com quais detalhes eles se relacionarão ou se conectarão? Qual detalhe os fará pensar: "É, sou assim"?

Emoções Autênticas

Uma maneira eficaz de misturar a experiência do personagem identificável (você, o líder) com a do ouvinte é usar emoções.

O que faz com que uma história do propósito funcione não é a clareza com que recita a sequência de eventos. Seu sucesso depende inteiramente de sua habilidade e desejo de compartilhar como se sentiu nesses eventos. Essas emoções não precisam ser intensas. Na verdade, a indiferença é com frequência o estado emocional primário. O que *precisa* ser intensa — quanto mais, melhor, juro — é a sua disposição de estar vulnerável, de dividir coisas sobre você que geralmente não são compartilhadas no mundo corporativo.

Sim, você me ouviu. Vulnerabilidade. Acho que você já ouviu isso antes, sobre a importância da vulnerabilidade na liderança. E, embora não seja a buzzword mais confortável para o mundo corporativo — ninguém quer ficar exposto —, pesquisas mostram cada vez mais que ser vulnerável tem o poder de o levar ao sucesso.

Pesquisadora, autora e especialista famosa em vulnerabilidade, Brené Brown diz: "A vulnerabilidade é o coração da inovação e da criatividade. Não existe inovação sem vulnerabilidade."[6] Todos sabemos que inovação e criatividade é o que moverá os negócios. Mas ainda assim hesitamos.

Parte da hesitação quanto a ser vulnerável no local de trabalho pode nascer de como as pessoas acreditam que serão percebidas nesses momentos vulneráveis. Brown diz que, às vezes, as pessoas ligam a vulnerabilidade à fraqueza,[7] mas na verdade é o oposto. Gerenciar uma empresa de sucesso significa deixar--se vulnerável ao risco, ao ridículo, até mesmo aos fracassos enquanto assume riscos — riscos para expandir a empresa, em fazer uma grande compra.

A vulnerabilidade também tem um papel importante na interação com seus empregados. Em sua pesquisa, Brown descobriu que a raiz da conexão social está na vulnerabilidade. Quando somos vulneráveis no ambiente de trabalho, nos conectamos enquanto humanos, aumentando a confiança e a lealdade entre liderança e empregados, motivando a troca de ideias e aumentando a lealdade.[8]

Felizmente, a história do propósito é o lugar perfeito para se abrir emocionalmente e ser vulnerável. E não é necessário prender-se a contar uma história que aconteceu no ambiente de trabalho. Uma das liberdades mais empolgantes da história do propósito é a oportunidade de procurar por histórias fora das paredes da empresa e das responsabilidades de seu papel. Teve um momento de transformação em um acampamento? Justo. Aprendeu uma lição importante com o rompimento de uma amizade? Uma opção viável. Isso não só lhe fornece material infinito, escolher histórias além do escritório dá à sua equipe a chance de se conectar com você enquanto humano, não apenas uma figura corporativa, o que, a menos que você realmente seja um robô, é uma coisa muito boa.

Um Momento

Como nos dois tipos de história anteriores, sua história do propósito será mais sedutora se incluir um momento específico. Isso pode ser feito incluindo algo tão específico como um lugar ou período que o público possa visualizar, como sentar na arquibancada e assistir a um jogo de polo aquático.

Acho que, especialmente com as histórias do propósito, o momento com frequência coincide com a explosão. É a fração de segundo antes da percepção. É o ponto entre o normal, em que as coisas estão acontecendo como sempre acontecem e o momento em que de repente mudam. Você aprende uma lição. Você ganha uma nova perspectiva. Você entra no novo normal.

Dito isso, apesar de o momento ocorrer em uma fração de segundos na vida real, na história deve parecer como câmera lenta. Onde você dá zoom e se demora.

Por exemplo, fui anfitriã de workshop em uma jornada fora do trabalho para um grupo de executivos. Eles estavam trabalhando em uma variedade de tipos de história e um deles era uma história do propósito sobre encontrar um equilíbrio entre trabalho e vida pessoal. Uma mulher compartilhou uma história de quando percebeu quanto tempo estava perdendo com seus filhos. Mas ela não disse somente: "Percebi quanto tempo estava perdendo com meus filhos". Em vez disso, ela sabiamente incluiu o componente do momento ao pintar o segundo exato da percepção: "Nunca me esquecerei. Estava em meu carro, com as mãos no volante, dirigindo na estrada, há trinta minutos de um trajeto de uma hora e percebi que essa viagem roubou muitas horas de mim e da minha família." Quando a história acabou e o grupo discutiu sobre o que deu certo, todos concordaram que o momento no carro se destacou e os absorveu.

Detalhes Específicos

O sucesso de uma história do sucesso está na habilidade do líder de fazer com que uma história que tecnicamente é sobre ele, seja sobre o público. Com isso em mente, sempre que possível, inclua verdades universais. Detalhes, situações, emoções os quais você sabe que são familiares à maioria do seu público. O vice-presidente da empresa de tecnologia sabia que a maioria das pessoas em sua plateia tinha um adolescente em casa. Se não fossem filhos, todos já tinham sido adolescentes e conseguiriam se identificar. Na história do Michael, ele sabia que a sala estava prestes a desistir. Na verdade, muitos estavam lá enquanto ele falava. Já usei detalhes muito específicos, como o castelo de My Little Pony, em minhas histórias, sabendo que meu público tinha crescido nos anos 1980 e 1990 e se lembraria desse brinquedo querido. Uma vez usei a marca de sapatos Mootsie Tootsie, sabendo que aquele público específico seria em sua maioria mulheres da Geração Y.

Em cada momento, o uso de detalhes específicos ajuda a ofuscar as linhas entre o personagem identificável (o líder) e o público, até que se tornam um. E, nesse momento, seu propósito se torna o propósito dele.

Histórias do Propósito e a Fronteira da Cultura da Última Empresa

Em 2010, um psicólogo da Emory University quis determinar o que deixava as crianças emocionalmente saudáveis e felizes e administrou um teste a alunos do ensino fundamental para tentar obter algum insight.[9] O teste era compreendido por vinte perguntas de sim/não designadas a medir o quanto as crianças conheciam o histórico familiar.

Você sabe onde seus avós cresceram?

Você sabe onde seu pai e sua mãe estudaram no ensino médio?

Você sabe onde seus pais se conheceram?

Você sabe alguma doença ou algo muito ruim que aconteceu em sua família?

Você sabe a história do seu nascimento?

Os resultados da pesquisa foram alarmantes. Quanto mais a criança sabia sobre o histórico de sua família, mais forte era o senso de controle de suas vidas e maior era sua autoestima. A métrica "Você Sabe?" acabou sendo a única e melhor forma de constatar a saúde e felicidade emocional das crianças.

Nossa equipe não pode deixar de se perguntar se o mesmo valeria para organizações. Será possível que quanto mais os membros da equipe soubessem sobre seus líderes e as histórias da empresa, mais conectados se sentiriam à organização como um todo? Então nós testamos.

Aplicamos uma pesquisa nacional a mil trabalhadores de tempo integral nos Estados Unidos, de 18 a 65 anos, para ver o que eles sabiam sobre a história da empresa e, para aqueles que a conheciam, se isso fazia diferença na satisfação geral com o emprego. Por exemplo, a pesquisa fazia perguntas como as que seguem:

Você sabe a história de como a empresa onde trabalha começou?

Você sabe se a empresa onde trabalha já enfrentou desafios ou recessões?

Nossos resultados revelam que os participantes que responderam sim a essas duas perguntas eram 40% mais propensos a afirmar "o trabalho que fazemos na empresa faz diferença no mundo".

Um pouco de storytelling pode ser um bom aliado na motivação do propósito de uma empresa e esse senso de propósito é o que leva ao sucesso duradouro. A história do propósito ajuda sua equipe e entender que o que eles fazem é importante. Há uma probabilidade de que a mulher escrevendo códigos em seu quarto a três fusos de distância nem saiba que é uma peça importante ao que estão tentando fazer e o cara na mesa a três cubículos provavelmente também não sabe. Nenhum deles percebe que são parte de algo maior, algo importante, algo com um *porquê* poderoso. E precisam saber.

É fácil pensar nos clientes e investidores como as pessoas para as quais você precisa vender. É a atenção delas que você precisa capturar, influenciar, e transformar. Mas, como líder, você tem o mesmo trabalho com seu pessoal. Se não pode engajá-los e influenciá-los, não pode fazer muitas coisa a não ser realizar pagamentos e torcer para que as pessoas façam o suficiente para justificá-los.

É uma batalha diária. Uma batalha que, se você já não está batalhando, está perdendo.

A pergunta é: Você está contando as histórias certas?

Gostaríamos de acreditar que são nossos planos abertos, manuais de colaboradores, quadras de basquete para a equipe, kombucha ou o chopp que estabelecem a cultura da empresa, porque assim só teríamos que fazer uma reforma e instalar um barril de chopp, e estaríamos bem. Mas na verdade é o compromisso intencional e meticuloso ao storytelling que cria e sustenta a cultura.

A cultura é uma coleção de histórias que se alinham e inspiram. Os empregados sentem-se mais conectados e felizes quando conhecem a história de sua empresa. Os altos e baixos e como tudo começou. E, o mais importante, quando sabem como a empresa enfrentou a adversidade e sobreviveu para contar a história, sabem que a empresa aguenta uma tempestade.

Essas histórias são o mesmo para empregados e familiares que contam suas origens aos filhos. Conhecer sua cultura dá a eles um senso de pertencimento.

Acerte suas histórias e será uma mina de ouro. Erre suas histórias e as pontes para manter seu pessoal serão tão instável quanto areia movediça, que torna seus passos inseguros e faz seu chão afundar.

Sua equipe sabe como a empresa foi fundada? A maior conta que já conseguiram? Os maiores fracassos? As melhores tentativas e triunfos, catástrofes e recuperações?

Quando o dia a dia de ir ao trabalho ficar um tédio, quando sua equipe perder um objetivo de vista, quando sua organização enfrentar adversidades (e irá), seu pessoal sabe que faz parte de algo maior?

Se contar suas histórias, saberão.

Na Saúde e Na Doença

Quando o momento está bom, uma história do propósito pode fazer com que uma empresa tenha desempenho melhor por meio de uma cultura melhor. Quando os tempos estão difíceis, como estavam na empresa do Michael, pode significar nada menos que a sobrevivência. Independentemente do momento, uma história do propósito pode ser contada por qualquer um — especialmente você. E com frequência.

É claro, isso não é verdade para todas as histórias. Há algumas que não se pode contar. O próximo capítulo falará sobre isso.

CAPÍTULO SETE

A História do Consumidor

Axilas Cheirosas e a História Que Você Não Pode Contar

> *Branding é o que as pessoas falam sobre você quando você não está no ambiente.*
> —Jeff Bezos

Dizem que falar em público é um dos maiores medos mundiais. Embora suspeite que essa velha história seja um pouco exagerada, certamente não é incomum sentir certa ansiedade antes de subir ao pódio. Isso acontece até mesmo com palestrantes profissionais; são os ossos do ofício.

Meu supersegredo profissional? Use um ótimo desodorante.

Tá bom, esse não é meu melhor conselho sobre falar em público. Mas se seu objetivo é criar um comercial de desodorante bem ruim, acho que esse conselho pode ser um começo.

Observe o anúncio de péssima qualidade:

Kindra Hall é uma contadora de histórias profissional. Quando fica nervosa, conta com seu desodorante para chegar até o fim. É por isso que escolhe Acme, a marca mais respeitada pelos especialistas de histórias no mundo.

Oras.

Esse tipo de marketing me deixa louca por muitos motivos. Um é o fato de ser brega. Para ser justa com a Acme, esse problema é complicado; caso o mensageiro seja você, corre o risco de parecer falso ou ilegítimo.

Mas, além disso, essas mensagens me deixam louca porque cheiram a oportunidade perdida. Há uma história, mas a Acme só não se esforçou para contá-la direito.

Felizmente, há uma solução para lidar com esse problema, que é tão antiga quanto o comercial em si. Para entender, vamos dar uma olhada em um exemplo da nossa fictícia Acme.

———

Minha experiência com a Native Deodorant começou como a maioria das experiências de compras online. Fiz meu pedido, enviei meu comprovante de pagamento por e-mail e recebi o produto. Bem típico. Mas o ótimo marketing da Native não foi nada típico. A proposição de valor — desodorante seguro, eficaz e feito nos EUA — deles é clara, fácil de captar e de a colocar à frente de tudo. São necessários cerca de três segundos no site da Native para saber exatamente que problema podem resolver.

Mas a Native é verdadeiramente excelente no uso de uma história original, na habilidade de capturar histórias de pessoas como eu *depois* que usaram o produto. Seguramente o mais desafiador dos quatro tipos de história, a Native está no caminho de dominar a elusiva, mas poderosa história do consumidor.

A História do Consumidor

Você já conhece bem a história do consumidor. Viu ecoar em coisas como depoimentos, avaliações, endossos de influenciadores, indicações e recomendações. A longa história de clientes elogiando (ou criticando duramente) os produtos é um passatempo que continua.

Experiências do consumidor têm uma vantagem natural com relação ao marketing tradicional porque são carregadas com o que falta na história da Acme: credibilidade. Quando você diz para alguém que seu produto é ótimo, isso é marketing. Quando outro consumidor o faz, é chamado de indicação. E as indicações carregam um peso bem diferente. Estudos consistentemente mostram que avaliações e indicações têm uma influência enorme no comportamento do consumidor. O poder das mídias sociais e de sites de avaliações como Yelp e Angie's List faz com que escrever — e ler — avaliações seja mais fácil do que nunca. Considere estas descobertas de uma pesquisa de avaliação do consumidor feita pela BrightLocal:

- 85% dos consumidores confiam nas avaliações online tanto quanto em recomendações pessoais;
- Avaliações positivas fazem com que 73% dos consumidores confiem mais em um negócio local;
- 49% dos consumidores precisam ver pelo menos uma classificação de quatro estrelas antes de escolher usar uma empresa;
- Os consumidores leem em média sete avaliações antes de confiar em uma empresa.[1]

Mas, embora os consumidores pesquisem e leiam avaliações, pesquisas também mostram que os consumidores são céticos e ficam de olho em depoimentos falsos.

Um estudo de 2016 feito pela Pew Research Study descobriu que "donos de empresas e consumidores exprimiram preocupações sobre a validade e a veracidade das informações postadas em vários sites de avaliação online. Quando perguntados sobre isso, os próprios norte-americanos estão quase completamente divididos. Perto de metade (51%) de quem lê avaliações online diz que elas geralmente fornecem uma descrição precisa sobre a verdadeira qualidade do produto, mas uma parcela parecida (48%) acredita que é difícil dizer se as avaliações online são verdadeiras e não imparciais".[2]

É aqui que as histórias do consumidor podem ajudar.

Apesar de que indicações, avaliações, depoimentos e outras experiências de consumidores compartilhadas podem ser valiosas, elas não vêm necessariamente em formato de histórias e, assim, não têm o mesmo impacto que uma história pode ter. Uma avaliação pode responder perguntas, mas raramente inclui o normal — a primeira parte da história — e nem possui detalhes específicos que inspiram o imaginário do leitor. Um depoimento pode conter os fatos, mas raramente inclui emoções. Uma avaliação de produto pode ser boa para os negócios, mas transformá-la em uma história do consumidor é ótimo para os negócios. Uma história do consumidor faz com que as pessoas se importem, sintam-se conectadas e, talvez o mais importante, sintam-se compreendidas. Por exemplo: "Alguém, como eu, sentiu-se como me senti, queria o que eu quis e encontrou a solução aqui. Quero isso. Vou comprar."

Sim. Uma história do consumidor bem contada pode fazer tudo isso acontecer.

Trocando de Contadores: História do Consumidor Versus História do Valor

Bem, vou admitir, há uma chance de você estar pensando que essa é uma história do valor. Essa não é só uma história para descrever o valor do produto? Posso pular este capítulo?

A resposta é não. Não, não pode pular este capítulo.

Bem, até pode, mas, embora as histórias de valor e do consumidor sejam meios diferentes para chegar ao mesmo fim, a diferença entre elas é algo que você não quer perder. A menos, é claro, que esteja bem com a competição entendendo e tendo uma vantagem sobre você. Nesse caso, vá em frente. Pule quantos capítulos quiser.

Lembre-se da estrutura de storytelling de Steller, que as histórias de valor usam para revelar o valor do produto. Boas vendas e marketing são frequentemente o trabalho de uma história do valor. O personagem identificável é o cliente que vive o próprio normal e tem um problema. Então vem a explosão (o produto ou serviço) e, voilà!, problema resolvido.

Normal → Explosão → Novo Normal

Quando a Unbounce contou a história do profissional de marketing que tinha dificuldades com a criação e teste de novos conteúdos online enquanto lidava com os gargalos de orçamento e desenvolvedores, estavam falando de um consumidor. Quando a Workiva contou a história do triatleta aspirante que realizou seu sonho por causa do tempo economizado devido ao uso de seu produto, estava falando de um consumidor. E, apesar de essas histórias serem sobre o consumidor, eram histórias de valor.

Uma história do consumidor é diferente.

Uma história do consumidor tem uma reviravolta exclusiva.

Uma história do consumidor, embora possa ilustrar o valor, é contada pelo próprio consumidor. Dê uma olhada no site da Native e você verá. As histórias ilustram o valor, mas são contadas pelos consumidores. Veja essa maravilha cinco estrelas da Amy H.:[3]

Elimina Completamente o Fedor

> O câncer de mama está em minha família, então comecei a testar desodorantes naturais para diminuir meu risco. Um produto "igual" com ingredientes similares deixou queimaduras químicas em minhas axilas. Foi US$4,00 mais barato. Tentei outros, mas não funcionam da porta de casa pra fora. Moro no sul, então é quente e úmido. Suo muito e estava preocupada em deixar de usar antitranspirantes. Fiz o pedido da Native com muita relutância, porque era muito mais caro. Estou 100% contente por isso. Realmente não precisa de muito e funciona no sul quente e úmido. Sem fedor o dia todo!!! Agora, se eu pudesse usar nos meus cachorros, meu mundo não seria mais fedido. :-)

E essa anedota da Carolyn D.:[4]

Avó Ativa

> Minha neta deixou o dela no meu banheiro e decidi testar. Já havia testado tantas marcas nos meus 77 anos que fiquei realmente espantada por não ter mais nenhum cheiro depois de pedalar ou ou praticar paddle. Estou fazendo meu primeiro pedido do de coco/baunilha. Mal posso esperar!

À primeira vista, esses depoimentos podem ser vistos como histórias de valor: consumidores com problemas que são resolvidos. Mas há um elemento-chave que as tornam histórias do consumidor: as pessoas que as contam.

Se fossem histórias do valor, deviam ter o mesmo personagem (Amy H. ou Carolyn D.) e a mesma explosão/produto (Desodorante Native). Teríamos o mesmo resultado. O mesmo valor. A diferença é que Amy e Carolyn estão contando as histórias — não a Native. E essa diferença faz toda a diferença.

Se, como a Acme, a Native contasse as histórias, seria algo mais ou menos assim:

> Amy H. tinha histórico de câncer de mama em sua família e estava tentando reduzir o risco associado a desodorantes convencionais. Toda solução natural que tentou ou a deixou com queimaduras químicas ou não resistiu ao clima úmido do sul. A Native salvou o dia!
>
> Carolyn D. pegou emprestado o desodorante em barra da Native da neta e ficou realmente encantada por, depois de 77 anos experimentando marcas diferentes, não ter mais cheiro depois de pedalar ou praticar paddle.

Qualquer um desses depoimentos poderia ser transformado em histórias de valor. Adicione um pouco mais de emoção, construa o normal e, com alguns retoques, poderíamos montar um ótimo anúncio em vídeo, colocá-la online ou mesmo em um pôster dramático. Mas, mesmo com esses ajustes, não utilizaríamos as vantagens de uma história do consumidor que não existem em uma história de valor: credibilidade inerente.

Por Que as Histórias do Consumidor São Mais Críveis

A história do consumidor tem um mundo próprio porque elimina a voz irritante que se pergunta se você acredita ou não em uma história se é o vendedor que a conta. Com a história do consumidor, não é a empresa, é uma pessoa — como você — que testou e amou e que não ganha nada ao falar isso.

Como consumidores, estamos muito mais sofisticados do que costumávamos ser. Temos muito mais poder e informação no mercado do que nunca. E isso nos deixou, se não desconfiados, ao menos cuidadosos com o que as empresas nos falam. E isso inclui histórias. Se usada apropriadamente, a história do consumidor resolve qualquer dúvida remanescente. Os exemplos da Amy H. e Carolyn D. nos mostram o porquê.

A Fonte É Importante

Pense nisso por um minuto. E se a Native lhe dissesse que o produto "elimina o fedor completamente", como parte de seu marketing, até mesmo compartilhando isso em uma história do valor? Tem algo diferente em ouvir de um consumidor real, significa mais vindo da Amy. Ou tem a parte sobre o alto preço. A Native dizer que seu produto vale o gasto a mais parece uma justificativa, mas a Amy dizendo parece um fato.

Eu sei, pode parecer que na verdade estamos falando de algo que você provavelmente discutiu no terceiro ano do ensino médio durante os vinte minutos dedicados à escrita criativa. Primeira pessoa versus terceira pessoa. Eu versus ele/ela. E você está certo. Mas acontece que, às vezes, a fonte é o que mais importa.

McDonald's aprendeu do jeito mais difícil no Reino Unido.

Em 2017, lançaram um comercial que começou com um garoto que estava exatamente naquela fase esquisita da pré-adolescência sentado na cama. Ele está mexendo no que parece uma caixa de tranqueiras, mas rapidamente percebemos que os itens na caixa são na verdade lembranças preciosas. Um par de óculos. Um relógio de pulso. Um recado escrito à mão. Todas memórias físicas.

Depois de mexer na caixa, o garoto pergunta a sua mãe: "Como era meu pai?"

A mãe olha pra ele e o leva para caminhar e começa a contar as melhores características de seu pai. Quando passam por uma velha igreja de pedras, a mãe diz que ele era grande como um edifício. O garoto ajeita a coluna, em uma tentativa de parecer maior. Quando passam por um jogo de futebol, ela entra em detalhes sobre como seu pai não somente era ótimo jogador, mas capitão da equipe. O menino desajeitadamente tenta chutar a bola de volta para o campo, mas ele claramente não é bom para ser capitão de futebol. Quando sentam em um banco, a mãe fala sobre o pai ser vaidoso, com sapatos tão brilhantes que dava para ver o reflexo neles. O menino olha para seu tênis todo surrado. A perda de confiança está escrita em seu rosto.

A caminhada termina e eles se sentam para comer no McDonald's. O menino abre seu lanche, tira um sanduíche de peixe e dá uma grande mordida. Quando começa a mastigar, a câmera foca a mãe, que lembra em um tom saudoso que aquele era o sanduíche preferido do pai dele, e que ele nunca comia sem ficar com molho tártaro no queixo. A voz dela fica abalada quando vê seu lindo filho com o rosto sujo de molho.

O garoto fica extremamente feliz. Finalmente. Uma semelhança.

As reações de raiva e choque a esse anúncio foram intensas e gerais. Li sobre isso no *New York Times* enquanto tomava café. Como eles ousam explorar o luto de uma criança! Quem precisa de dois pais quando se tem um McFish?! O anúncio foi tirado rapidamente depois de ir ao ar e o McDonald's pediu desculpas.

Embora eu não tenha visto o anúncio antes de ler o artigo, tive dois pensamentos diferentes. O primeiro foi do meu próprio pai e suco de tomate.

Na época da faculdade, fiz uma viagem de avião com minha mãe. A comissária perguntou o que gostaríamos de beber e eu pedi suco de tomate. Minha mãe olhou abruptamente para mim.

"Que foi?!", perguntei. "Não pedi um Bloody Mary. Pedi apenas suco de tomate" (é incrível como voltamos à adolescência quando estamos com nossas mães).

"Não", disse ela. "Não é isso. É só que seu pai sempre pede suco de tomate no avião. Ele não bebe isso em nenhum outro lugar, só nos aviões".

A História do Consumidor

Nunca me esqueci do profundo senso de orgulho que senti naquele momento. Sim, era apenas um suco de tomate, mas tive a sensação única de felicidade por ser filha do meu pai e pela conexão que senti naquele momento.

Neste instante, você pode suspeitar que meu pai faleceu quando eu era criança. E talvez seja por isso que o suco de tomate significa tanto para mim. Mas isso não é verdade. Meu pai está bem vivo e falo com ele com frequência. E ainda assim o fato de ele estar vivo não diluiu de nenhuma forma o quão significativo foi saber um aspecto em que éramos parecidos. Então consegui entender como um garoto que havia *perdido* o pai poderia valorizar a conexão, mesmo que fosse com um sanduíche de fast-food.

Uma jornalista freelancer do *The Guardian* ecoou esse sentimento, apesar de ter sido com uma experiência diferente. A mãe dela faleceu em 1985 quando a escritora era jovem. Ela disse: "Ainda anseio por migalhas de informações sobre minha mãe. Desenterrar um novo fato ou ouvir uma observação sobre nossas semelhanças de alguém que a conhecia é um ótimo tipo de arqueologia."[5]

Esse foi meu primeiro pensamento: meu pai, suco de tomate e o meu orgulho em saber que éramos iguais nesse aspecto.

Meu segundo pensamento: me pergunto se esse anúncio do McDonald's era uma história real. Realmente houve um garoto que descobriu essa semelhança aleatória com o pai que perdeu, e de alguma forma o McDonald's do Reino Unido ficou sabendo?

Talvez a mãe tenha contado a eles a história e a agência de publicidade ficou tocada e percebeu que tinham encontrado uma joia de marketing e decidiram contar essa história! Teria personagens identificáveis e emoções (claro, eles não chamariam de emoções, porque nossa pesquisa ainda não tinha sido feita, mas você entendeu). Então escreveram o storyboard e escolheram o elenco, apesar de ter sido tudo real...

Contaram como uma história do valor em vez de pedir que o garoto a contasse, como uma história do consumidor. Eles a arruinaram sem saber como nem porquê.

Sim, a fonte é importante, para o bem e para o mal.

Os Detalhes São Importantes

Bem, não dá pra inventar essas coisas. A história do consumidor de Carolyn D. está cheia de pequenos detalhes que ajudam a história a ser real. A neta adolescente deixar o desodorante no banheiro dela (típico de adolescentes), as atividades específicas que a Carolyn gosta (pedalar, praticar paddle). Até mesmo a idade dela foi específica: 77. E você notou outra coisa? Em sua avaliação, a Carolyn duplicou a palavra *ou*. Um detalhe, mas importante.

Quando falamos de histórias do consumidor, as que vêm direto da fonte, da verdade, é importantíssimo. Embora possa ser tentador, seja impresso ou em vídeo, melhorar nossas histórias do consumidor, às vezes as risadinhas, os erros de gravação e as imperfeições são o que as deixam mais reais. Certamente, você deveria guiar as histórias para se encaixarem na estrutura e incluir os componentes necessários. E, se os problemas forem muitos, poupe seu consumidor do constrangimento. Mas não os edite a ponto de não serem mais reconhecidos. A beleza de uma história do consumidor é sua realidade crua, imperfeita.

Você pode colocar cem escritores em uma sala por uma semana, e nada do que escreverem nos fará acreditar que há uma pessoa real por trás das palavras tão bem quanto a Carolyn. Os detalhes dela preenchem a história e a fazem mais crível, mas também informam o tipo de pessoa que usa Native. Elas são aventureiras, vibrantes e cheias de vida, não importa a idade.

Pode ser que o diabo esteja nos detalhes, mas também estão o deleite e a credibilidade.

Seguindo a Native: Como Conseguir a História do Consumidor

Sim, colecionar avaliações não é nenhuma novidade. A Amazon faz isso desde sempre e as empresas faziam isso há um século antes disso. Mas a Native melhorou e você também pode. Veja duas regras simples para segui-la e fazer a curadoria de algumas histórias do consumidor.

Regra 1: *Você Deve Perguntar*

Alguns dias depois do meu desodorante chegar, recebi um e-mail da Native:

> Para: Kindra Hall
>
> Assunto: Obrigada por seu apoio, Kindra!
>
> Oi, Kindra,
>
> Espero que esteja bem! Queria lhe agradecer por apoiar a Native Deodorant. Somos uma empresa pequena, de família, e agradecemos de coração. :)
>
> Como você já teve alguns dias para testar a Native Deodorant, adoraria ouvir o que achou sobre o produto. Além disso, adoraria saber quais desodorantes você usava antes de mudar para a Native e o que a fez querer tentar a Native? Você gostou da experiência com a Native até agora? Se teve uma ótima experiência, adoraríamos se postasse uma avaliação de nosso desodorante aqui!
>
> Qualquer feedback será profundamente apreciado. Se tiver alguma pergunta, não hesite em me mandar e-mail.
>
> Tenha um dia fantástico!
>
> Atenciosamente,
> Julia
>
> P.S. Enviaremos um desodorante Native grátis se você nos mandar um vídeo de você fazendo a avaliação! Descubra mais aqui.

Esse e-mail faz algumas coisas surpreendentes (mais sobre isso daqui a pouco), mas seu trabalho mais importante agora é fazer com que eu escreva uma avaliação. É um chamado, um pedido para que eu conte minha história do consumidor para a Native. Um pedido que recebeu 7.008 respostas até o momento e continua recebendo, e agora é o centro de um anúncio de TV do produto deles.

Pode parecer simples, mas poucas empresas o fazem. E isso ilustra a primeira regra crítica da história do consumidor: se quiser histórias do consumidor, tem que pedir. É claro, pode até ser que receba cartas ocasionalmente sem que tenha pedido, mas levará anos para que você possa fazer a curadoria de um corpo de histórias do consumidor se não pedir por elas.

Pedir não é difícil. Apenas requer um sistema. Um e-mail como o que a Native usa é um sistema superfácil que faz o trabalho.

No entanto, observe que a Native leva o pedido a outro nível:

- O e-mail chega depois do produto. Todo mundo pode jogar um link "Escreva sua avaliação aqui!" em uma nota fiscal enviada por e-mail. Mas não é muito útil quando ainda não recebeu seu produto. Seu pedido precisa chegar depois que o consumidor já usou seu produto ou serviço;
- O e-mail vem de um humano real com um nome real: Julia. Ela é amigável. Ela faz questão de me dizer que sou importante para a empresa de sua família. Ficarei surpresa se ela não soar completamente autêntica para mim. Diferente de um robô automatizado, sem rosto. Se eu responder para a Julia, receberei uma resposta;
- Posso ganhar um presente. Se criar uma avaliação em vídeo, eles me enviarão um desodorante grátis. Nada com os obrigadas e coisas grátis para que as pessoas respondam. E se eu fizer meu próprio vídeo, evitam totalmente um desastre como o do McDonald's.

Pedir é uma habilidade. Mas começa com um simples pedido. Não deixe mais difícil do que precisa ser. Comece a perguntar e retocar conforme necessário.

Regra 2: Peça Especificamente e Receberá

Além do simples fato de pedir, o e-mail da Native se organiza para garantir outro pedaço importante do quebra-cabeça: guiar minha resposta para que seja uma história real.

Tem a ver com a história, afinal de contas. Não queremos apenas estrelas, joinhas ou elogio básico. Queremos histórias porque elas funcionam muito melhor.

O e-mail da Julia pergunta especificamente o que eu usava antes de testar a Native e como estão as coisas agora que a uso por uns dias. Percebe alguma coisa? Estão me dando uma estrutura para entregar uma história a eles. Essa estrutura apenas existe para casar perfeitamente com o nosso. Ao pedir por comentários dessa maneira, Julia guia minha resposta para que, se eu seguir suas direções, meus comentários voltarão na forma de um perfeito normal-explosão-novo normal, sendo o Native Deodorant a explosão.

E, caso tenha esquecido de responder assim, essas instruções eram reforçadas quando entrei na página de avaliações. Lá eu fui sutilmente orientada a montar minha avaliação na forma de uma história eficaz.

É um guia assim que provavelmente levou à quantidade de histórias de boa qualidade no site. Um guia que encorajou a Amy a contar a história toda. Foi o que encorajou a Carolyn a incluir a parte de encontrá-lo no banheiro dela e experimentar o desodorante da neta, que, se pensar nisso, é um pouco rebelde e faz com que a coisa toda seja mais real e mais legal. Ao procurar histórias do consumidor, faça as perguntas que elicitarão as respostas que deseja.

As histórias do consumidor são possivelmente o tipo mais fácil e poderoso. Se tem consumidores, tem histórias. Apenas tem que encontrá-los. Em vez de criar do zero, seu trabalho é apenas fazer a curadoria.

Se Há Uma História do Consumidor, Mas Ninguém a Contar...

É claro, as histórias não valem muito se não forem contadas. Pense em seu trabalho como o de um curador. Você coletou as peças para seu museu de histórias, mas elas não trabalharão para você a menos que as exiba.

A pergunta óbvia é onde? Onde estão essas histórias?

Para responder isso, pensei nas manhãs antes de sair para a escola em minha infância.

Acordar. Ir para a cozinha. Pegar uma caixa de cereais. Colocar cereal em uma tigela com um pouco de leite. Então comer o cereal enquanto encarava a parte de trás da caixa. Você já fez isso? Cara, o número de horas que passei lendo exatamente a mesma caixa. Lia os fatos aleatórios e tentava resolver os quebra-cabeças enquanto enfiava colheradas de uma coisa açucarada em minha boca (sim, cresci nos anos 1980 e comíamos coisas açucaradas na época).

Apesar de meus filhos não comerem cereal, a memória dessas manhãs me fez pensar. E se a empresa de cereal tivesse impresso uma história na caixa? Teriam tido pelo menos 25 minutos de minha atenção exclusiva — exclusiva porque para o que mais eu olharia enquanto tomava café?

Veja, não estou dizendo para imprimir as histórias dos consumidores nas caixas de cereal (muito embora você pudesse), mas, em vez disso, pense nesses espaços vazios na vida de seus consumidores. Espaços que sabe que eles preenchem com alguma coisa. Agora que sabe que preferem uma história, por que não colocar uma história lá? De sites e newsletters a vídeos e palestras. De estandes de feiras de negócios a licitações e propostas. Ligações de vendas a reuniões em equipe. As paredes de um vagão do metrô.

Para a Native, seu museu de histórias do consumidor é o site. Para um hotel do Canadá onde me hospedei uma vez, havia um diário no quarto para que os convidados escrevessem a história de sua experiência: por que estavam lá, o que fizeram, o que amaram na estadia. Aquele era o espaço da história do consumidor deles. As mídias sociais são outro lugar óbvio para expor histórias do consumidor. Essencialmente, qualquer lugar onde seus consumidores vão e têm espaço mental, conte uma história lá.

A História do Consumidor: Uma Análise dos Componentes

Percebeu alguma coisa enquanto lia este capítulo? Está começando a falar fluentemente sobre storytelling? É verdade. Estamos falando em personagens identificáveis, emoções autênticas, momentos e detalhes específicos ao longo da discussão sobre história do consumidor porque, vamos assumir, uma história não pode ser separada de seus componentes.

Mas, por padrão, você tem menos controle sobre essa história (porque não é sua, é deles), então uma compreensão aprofundada dos componentes é a chave para ajudar uma história do consumidor a obter todo o seu potencial. Veja todo o escopo de como usar os quatro componentes para maximizar as histórias de seu consumidor.

Personagens Identificáveis

Prepare-se para uma novidade devastadora. O personagem identificável em uma história do consumidor é *o consumidor*. Eu sei. Loucura. Quando falamos do personagem identificável em uma história do consumidor, o quem importa bem menos do que o como. Como você habilita o consumidor para ser um personagem com quem o público pode se relacionar e confiar? A resposta varia dependendo do meio pelo qual você está compartilhando sua história.

Se, como os Desodorantes Native, você está construindo um museu de histórias com base em avaliações do consumidor, assegure-se de o processo que usar e as perguntas que fizer encorajem os clientes a expressar seu eu verdadeiro. Likes ou dislikes dizem pouquíssimo sobre as pessoas que deram a classificação.

Se quiser uma abordagem mais ativa às histórias do consumidor — talvez obtê-las por vídeo, imagem e stories no Instagram ou talvez fazer com que eles compartilhem a história em uma live — e você identificou alguns consumidores que aceitaram o desafio, então lembre-se disso: a perfeição é seu inimigo. Muito certinho é suspeito.

Assisti ao comentário bônus no filme *Simplesmente Amor* de 2003 e nunca me esquecerei do que o diretor disse durante a cena final, quando a garota em idade escolar cantou a música clássica de Natal "All I Want for Christmas". Aparentemente, ela era muito boa para ser crível. Tiveram que pedir para ela cantar novamente, mas não tão perfeitamente. Precisaram estragar um pouco a gravação para que a personagem ficasse crível.

O fato de que uma cantora criança ser tão boa assim é um assunto para outra hora. Por ora, quando falamos do personagem identificável, resista à urgência de deixar seu personagem perfeito, a urgência de arredondar todas as arestas. Filmes e comerciais precisam de atores; histórias do consumidor precisam de consumidores.

Emoções Autênticas

A grande vantagem das histórias do consumidor e o que faz seu esforço extra para consegui-las é que as emoções autênticas encontram-se em cada palavra. Não há nada mais autêntico do que o que flui naturalmente de um cliente cuja vida foi alterada pelo que você oferece. Mas mais valioso do que as emoções que eles sentiram depois de experimentar seu produto ou serviço são as emoções que sentiram antes. As histórias do consumidor vivem ou morrem com base nas emoções compartilhadas no normal da história.

Ao buscar e contar histórias do consumidor, lembre-se disto: a alegria ou o alívio que sentiram (emoção autêntica) depois de encontrá-lo só importará se houver um contraste com o que sentiam *antes* de encontrá-lo.

Um Momento

Como os tipos de história anteriores, incluir um momento específico fortalece a eficácia de uma história do consumidor. E, embora seu controle dessas histórias tenha suas limitações, você pode encorajar a inclusão de um momento fazendo perguntas como "Onde você estava da primeira vez que testou nosso produto?" Ou "Você se lembra onde estava quando ouviu falar de nosso serviço?" Essas perguntas indicam o momento. A resposta que você receberá frequentemente incluirá o momento *para* você.

Detalhes Específicos

Como já mencionamos, os detalhes específicos são o que dá à história do consumidor sua verdade irresistível. Os comentários fornecidos ou vislumbres da realidade são tão pequenos que correm o risco de serem deixados de fora. É claro, agora você nunca faria isso, você já tem mais conhecimento.

Esse é talvez o componente mais valioso e divertido das histórias do consumidor: ouvir os detalhes exclusivos das experiências de seu consumidor que você não saberia se não fosse isso. Não acho que me cansarei nunca de ler os e-mails que descrevem como os meus consumidores (tipicamente pessoas do público de minhas palestras ou que leem o que escrevo) usaram suas histórias.

Incluem detalhes como quais canapés foram servidos no evento de networking que compartilharam sua história com um novo contratante ou o som do CEO impacientemente mexendo em sua caneta antes de uma grande apresentação — um barulho que parou quando meu cliente contou uma história.

Abra seus ouvidos para esses pequenos detalhes e preste atenção a sua própria imaginação quando lhe contarem ou escreverem uma história. Quais detalhes apareceram em sua resposta cocriativa? Quais detalhes seu subconsciente absorveu? Permita que isso seja seu guia para os detalhes que são compartilhados.

Uma Última Verdade Sobre as Histórias do Consumidor

Antes de finalizarmos este capítulo e seguir para a parte final do livro, permita-me parar de ver o mundo cor-de-rosa e dizer em voz alta o que você deve estar pensando depois de ler este capítulo.

As histórias do consumidor não são fáceis.

Estava trabalhando com uma marca internacional que queria contar a história de um de seus clientes. Mas, quando chegou a hora de discutir qual história do consumidor deveríamos contar, a equipe imediatamente sugeriu que escrevêssemos uma ao invés de encontrar uma. Crie uma persona, então contrate um ator para o papel. Eles achavam que seria um caminho mais fácil — e é mesmo! Dá mais trabalho encontrar clientes, conversar com eles, perguntar qual é a história deles. Ouvir e fazer perguntas que permitam que você revele a emoção autêntica e os detalhes específicos demora. Em muitos casos, a equipe de marketing, que é quem geralmente recebe a tarefa de contar a história, não têm nenhuma interação com os clientes. Essa não é uma crítica: é a realidade. O trabalho deles é sentar em salas com paredes cheias de quadros brancos e criar clientes, enquanto isso, na recepção ou sentado no setor de atendimento ao cliente, há pessoas que realmente interagem com os clientes.

A história do consumidor pode ser desafiadora porque você tem menos controle sobre ela — não é sua, é deles. Mas acho que o real desafio com a história do consumidor é um sintoma de um problema maior nos negócios: por exemplo, quão aceitável tornou-se ser desconectado do cliente real. Comunicações com os clientes eram isoladas e automatizadas e, por isso, criaram histórias improdutivas. Sem conversas com consumidores reais, nos resta criar versões deles com base em dados e pesquisas.

Então, sim, sua história do consumidor requer alguns passos e esforço extras, mas imagine quão transformador seria se você motivasse sua equipe e se comprometesse a procurar histórias do consumidor e permitisse que vozes reais fossem escutadas.

Criando Suas Próprias Histórias Essenciais

Chegamos ao final da Parte 2 e as quatro histórias essenciais de que os negócios precisam para evoluir. Na Parte 3, analisaremos como você pode fazer três coisas muito específicas:

- Encontrar as histórias potenciais em seu negócio ao escolher que tipo de história são de melhor valia para você e então coletar possíveis histórias para contar;
- Transformar as melhores ideias em ótimas histórias usando a estrutura de storytelling de Steller e algumas técnicas testadas e aprovadas para facilitar o máximo seu trabalho;
- Contar suas histórias essenciais de negócios de maneira autêntica, que o ajudarão a criar uma ponte para públicos de todos os tipos e fazer suas histórias grudarem.

Como contadores de histórias gostam de dizer: "E agora o enredo se complica!" Vamos a isso.

PARTE TRÊS

Crie Sua História

*Encontrando, Criando e
Contando Sua História*

CAPÍTULO OITO

Encontrando Sua História

Como Encontrar Histórias Por Todo Lugar

Ser uma pessoa é ter uma história para contar.
—Isak Dinesen

Em outubro de 2006, fui convidada para fazer uma palestra no Mesa Storytelling Festival em Mesa, Arizona. O festival era conhecido por trazer os melhores contadores de história do momento, e não consigo nem descrever o quão animada fiquei, não somente pela oportunidade de contar uma história para um público ansioso e engajado, mas também porque teria a honra de apresentar a estrela do evento. Meu mentor. Meu ídolo. Donald Davis.

    Sentei-me a seu lado, bem antes da hora de sua palestra, enquanto outro contador de histórias estava no palco. Estava inquieta, brincava com meus dedos, chacoalhava as pernas violentamente, tudo para aliviar a tensão que sentia pelo nervoso de apresentar o homem mais importante da minha vida, além de meu pai (Michael e eu estávamos no começo do nosso namoro na época e ele definitivamente estava atrás de Donald).

Em um perfeito contraste à minha agitação, Donald estava calmo, tranquilo e gentilmente segurando um pedaço de papel todo amassado. Me perguntava se aquele papel detalhava estratégias para o medo de estar no palco, então me estiquei para ler o que estava escrito. Por cima de seu ombro, vi uma lista de palavras escritas com uma letra que sabia que era dele. Nomes de pessoas. Notações de situações, acontecimentos ou momentos. Quatro ou cinco colunas, cada uma com pelo menos vinte palavras. Me lembro de pensar que as palavras no papel lembravam mais ou menos a maneira como os episódios eram listados em minha coleção de *Friends*: "Aquele Com o Novo Cérebro de Joey" ou "Aquele em que Chandler Não Gosta de Cachorros".

Então as reconheci: possíveis histórias. Em sua mão, Donald estava segurando uma lista de centenas de possibilidades de histórias para contar no palco. Me aproximei um pouco mais, visualmente bisbilhotando a lista. Eram tantas histórias.

Minha espionagem foi interrompida no meio pelo som de aplausos. O contador que estava no palco havia terminado, era minha vez. Subi ao palco, peguei o microfone e fiz o melhor que pude para fazer jus a ele. Quando disse seu nome, vi Donald dobrar decididamente a lista com opções de histórias, colocá-la em seu bolso, arrumar sua gravata e subir ao palco. Passei os 90 minutos seguintes ouvindo, maravilhada, as histórias que ele decidiu contar. Não podia deixar de imaginar quando poderia escutar o resto das histórias daquela lista.

A única grande barreira para não contar sua história não é a procrastinação, o medo de compartilhar ou do palco. É presumir que não tem uma história para contar.

Era isso que me impedia de contar histórias no começo. Era o começo dos anos 2000 quando senti o desejo de contar histórias da minha vida. Mas hesitei. Qual era o meu direito — uma jovem de vinte e poucos anos, de um lar de classe média cheio de amor — de contar minhas histórias? Não eram dolorosas.

Não eram obscuras. Deveria mantê-las só pra mim. Foi só quando aproveitei a oportunidade em uma noite de microfone aberto em Oklahoma, onde compartilhei uma história nada especial sobre decepção amorosa, que percebi que as pessoas se conectavam com as histórias, não importa o quão trágicas, grandes, pequenas ou doces elas sejam, contanto que sejam reais.

Mesmo que suas histórias sejam pequenas, você as tem e vale a pena contá-las.

Dito isso, ninguém está imune a esse medo de não ter histórias. Mesmo as pessoas com grandes histórias pensam que não as têm. Nunca me esquecerei de quando me sentei em um avião e dei uma olhada no cavalheiro ao meu lado. Ele era um homenzinho modesto, de cabelos castanhos, óculos e tinha uns 50 anos. Quando me sentei, ele mal olhou para mim. Estava absorto em uma conversa telefônica e encarando um tablet com uma expressão muito, muito fechada. Enquanto ocupava meu assento, ouvi pedaços da conversa, o que me levou a, como na história do David, dar uma olhadinha na tela com uma foto de um imenso incêndio que, se meus olhos não me enganavam, estava saindo do chão.

O homem dava zoom in e out na imagem do incêndio, que — quando percebi que meu colega de assento estava tão envolvido na conversa para perceber se eu estava olhando ou não — mostrava um bombeiro com um escudo tentando se aproximar do fogo.

Ele murmurou algo sobre pedaços de concreto no chão, que a estrutura tinha sido comprometida e que, sim, ele teria que voltar para o Oriente Médio. Ele desligou e, imediatamente, ligou para outra pessoa e falou para ele fazer malas para sete semanas e pegar o próximo voo para o Oriente Médio.

Ele desligou e suspirou.

Desconfortável com o silêncio repentino, decidi preencher o espaço com uma conversa esquisita de avião e dei uma risada nervosa sobre o compartimento de malas acima de nossas cabeças. Trocamos umas palavras típicas de avião até que ele revelou que deveria estar visitando sua mãe, que estava fazendo 90 anos.

"Mas parece que vou ter que dar meia-volta e voltar ao Oriente Médio."

Respondi na maior inocência: "Poxa."

Ele revelou ser um especialista internacional em combate a incêndios em plataformas de petróleo atacadas por terroristas. Ele ficou calmo e reservado enquanto me contava sobre seu trabalho, sobre seu melhor amigo que morreu na plataforma quando inalou um gás mortal e como, embora seus filhos crescidos e esposa quisessem que ele se aposentasse, ele ainda se sentia compelido a treinar outras pessoas a combater esses incêndios.

Fiquei completamente cativada por sua história durante todo o voo. Quando começamos a aterrissar, perguntei se ele já tinha compartilhado essas histórias.

Ele me olhou com total descrença.

"Histórias? Não tenho nenhuma história", disse ele, seriamente.

Embora suas histórias fossem contadas sem esforço, o que mais me chamou a atenção — sempre chama — é que ele não as via como histórias. Ou ao menos não histórias dignas de serem contadas.

Se já permitiu que a crença de não ter nenhuma história o impedisse de contá-las, permita-me lhe garantir, você está completamente errado. Sim, as histórias existem em diferentes formatos e tamanhos, mas cada um de nós as tem e há um espaço para cada uma delas.

O problema não é que você não as tem.

É que você não sabe como encontrá-las.

Felizmente, podemos resolver esse problema.

Encontrando Histórias em Dois Passos

Agora, você deve estar convencido do poder das histórias. Sabe por que as histórias são tão importantes, como funcionam e os quatro tipos essenciais de história para os negócios. Mas a dúvida pode ainda persistir. *E eu lá tenho uma história para contar? Se tiver, como encontro a correta?* Essas são duas perguntas essenciais que responderemos em seguida e, para isso, vou quebrar a resposta em dois processos distintos: coletar e escolher.

O primeiro processo é *coletar histórias*. Que tem a ver com gerar ideias de histórias sem pensar se são boas, apropriadas, úteis ou até contáveis. Uma coleção de histórias o ajuda a evitar a intimidação da página em branco.

O segundo processo é a *escolha da história*. Nem todas as histórias serão boas para todas as situações. Uma vez, tive que ministrar uma palestra no banquete da National Honor Society do ensino médio e, depois de procrastinar até o último minuto, decidi contar uma história sobre um ralo entupido. Não pergunte. Mas, sim, foi mal recebida como você está pensando. Aprendi da pior maneira que encontrar uma história é uma coisa, encontrar a história certa é outra.

Encontrar uma boa história envolve tanto a coleta quanto a escolha.

Encontrando a História, Fase 1: Coletando Histórias

Você já tentou ouvir uma história de um parente mais velho? Uma vez perguntei para a minha avó sobre a Grande Depressão. Precisava escrever um artigo para um projeto escolar. Sentei-me com ela, papel e caneta nas mãos, um gravador pronto para capturar cada detalhe das histórias que ela inevitavelmente despejaria em mim.

Perguntei pra ela: "Vó, me fala sobre a Grande Depressão?" Então esperei, com a caneta pronta.

"Ah, sei lá", ela meditou. "Era bom". E foi isso. Era tudo o que ela tinha a dizer.

Lembro de ficar encarando ela. Afinal de contas, era o oposto de tudo o que tinha ouvido sobre a Grande Depressão. Tem depressão no nome, pelo amor de deus. Não era o Grande Bem. Não somente eu fiquei imediatamente preocupada com a minha nota no artigo, mas também fiquei superdesapontada e frustrada. Sabia que minha avó tinha muitas histórias. Por que então ela não me contaria?

Dos anos que trabalhei com líderes na área de storytelling estratégico, eu sei que provavelmente é onde você empacará e não saberá por quê. Você saberá que precisa de uma história e se perguntará: "Que história devo contar? Que história devo contar?" E as respostas que conseguirá de si mesmo serão bem parecidas com a que minha avó me deu. Nada. E você ficará tão desanimado quanto eu.

Mas não é que minha avó não tinha nenhuma história e não era culpa da minha vó que ela não despejou um monte de histórias de si em mim. Não é uma falta de histórias que o impede de encontrar alguma, mas as questões ineficazes que usamos para consegui-las. Fiz a pergunta errada para minha vó. Conseguir melhores histórias, ou somente histórias, requer perguntar por melhores histórias. E, quando se trata de melhores histórias, há uma coisa importante a se lembrar: nossas histórias grudam nos substantivos em nossas vidas.

Os substantivos em nossas vidas são pessoas, lugares, coisas, eventos.

Quando está com dificuldades para encontrar uma história, uma chave para uma pergunta melhor é mudar seus pensamentos para substantivos. Faça uma lista de pessoas, lugares, coisas ou eventos. E, enquanto escreve cada um deles, permita um espaço mental para que as memórias conectadas àqueles substantivos venham até você.

Por exemplo, há muitos anos passei uma tarde com meu avô, que tinha acabado de celebrar seu aniversário de 93 anos. Como quase não o vejo e raramente ficamos sozinhos, estava ansiosa para ouvir suas histórias, principalmente sobre sua experiência na Segunda Guerra Mundial. Então, em vez de falar: "Vô, me conta sobre a Segunda Guerra Mundial", foquei minha pergunta em um substantivo.

"Vô", perguntei, "para onde você foi destacado na Segunda Guerra Mundial?"

Ele disse Perth, Austrália.

"Vô, me fale sobre Perth, Austrália."

Foi como se eu tivesse dito a palavra secreta que abria a caverna escondida de histórias. Por uma hora e meia, meu avô me contou, em grandes detalhes, sobre sua experiência em Perth, também conhecido como histórias sobre suas experiências da Segunda Guerra Mundial. Ele contou sobre as barracas nas quais dormiu. Como os ratos corriam pelas camas de cima do beliche a noite toda. Ele contou sobre uma cidade e as aventuras nos finais de semana, indo para a costa. Tudo porque eu mudei a pergunta para focar um lugar em vez de uma experiência geral.

Essa mudança, é claro, funciona para todos os tipos de tentativa de busca de histórias, incluindo aquelas nos negócios. Especialmente se tiver a tarefa de entregar histórias do propósito a equipes. Usar a abordagem de substantivos para encontrar histórias te dá acesso infinito a possibilidades de histórias.

Pessoas, Lugares, Coisas, Histórias

Há vários anos, trabalhei com um executivo que precisava criar uma mensagem sobre inovação. A mensagem precisava comunicar a difícil realidade que, embora a inovação seja incrível, pode ser dolorosa. A mensagem tinha um momento e foi importante para ele que não falasse apenas sobre inovação, mas que contasse uma história e, com sorte, quando se encontrassem em um desses momentos dolorosos, que seu público provavelmente se lembrasse dessa mensagem e assim seria mais apto a lidar com a dor.

Infelizmente, tal como perguntar para a minha avó sobre a Grande Depressão, procurar histórias sem uma abordagem estratégica não gerava resultados. Então, decidi focar substantivos para ajudar a encontrar opções. Fizemos listas das diversas inovações de objetos tecnológicos que tinha testemunhado em sua vida com a esperança de que, ao listá-las, uma história surgiria.

Fizemos uma lista de leitores de música que ele tinha visto em sua vida: vitrolas, toca-fitas, aparelho de som, Walkman, Discman e iPods.

Então fizemos uma lista dos vários computadores que tinha visto ou usado.

Então fizemos uma listas dos vários telefones de sua vida: telefone de disco, telefone sem fio e celulares.

Com cada substantivo, conversaríamos rapidamente sobre quaisquer memórias que surgissem — memórias que poderiam, com um pouco de criação, tornar-se histórias. E, embora houvesse partes de histórias que poderiam ser contadas a partir de qualquer um dos substantivos, só quando chegamos aos celulares uma história perfeita apareceu.

No processo de listar os telefones, o homem se lembrou do primeiro celular que viu. Era do pai dele e vinha em uma maleta. Um dia, seu pai perguntou se ele, adolescente na época, queria fazer uma tarefa com ele. Quando o jovem lembrou que o celular iria junto, concordou.

No caminho, seu pai parou no posto de gasolina e, quando desapareceu para pagar, o filho pegou o telefone, ligou para seu melhor amigo e desligou antes que seu pai voltasse para o carro.

Uau. Ele se sentiu muito maneiro por ter ligado para o amigo de um carro e o melhor de tudo é que seu pai nunca saberia...

Mas, é claro, seu pai descobriu.

Algumas semanas depois, quando a conta chegou.

Aquela ligação de 30 segundos custou 300 dólares.

A inovação é incrível, mas pode ser dolorosa.

Se estiver tendo dificuldades para encontrar uma história, recorra aos substantivos relacionados à mensagem que quer transmitir. Na verdade, sinta-se livre para tentar esse exercício agora mesmo.

Faça uma lista de todos os empregos que já teve. Faça uma lista de todas as casas em que já viveu. Faça uma lista dos professores ou técnicos de esportes. E, para cada substantivo que escrever, pense um pouco. Provavelmente, uma ou outra memória voltará. Uma memória que pode ser transformada em história.

Desbloqueando Mais Histórias

Focar substantivos é um grande truque para trazer algumas histórias para sua consciência. Veja alguns lembretes que uso para ajudar a encontrar a história perfeita:

Pense nos primeiros.

Nunca me esquecerei de quando encontrei meu marido. Ou da primeira história que contei.

Nunca me esquecerei do meu primeiro trabalho de verão ou a primeira palestra sobre storytelling que ministrei. Nunca me esquecerei da primeira vez que um cliente me ligou absolutamente inebriado com a resposta que havia recebido de uma história que contara e a percepção, quando desliguei o telefone, de que talvez tudo isso fosse maior do que eu havia pensado. Nunca me esquecerei da minha primeira decepção amorosa ou de quando fui para uma aula de spinning. Por trás de cada uma dessas memórias há uma história importante que poderia ser contada. Na verdade, tomo notas enquanto escrevo. Muitas histórias que eu havia esquecido voltaram à memória.

Se está tendo dificuldades para encontrar suas histórias, mude seus pensamentos para os primeiros em sua vida. Poderiam ser os primeiros que se relacionam à mensagem que quer transmitir de um jeito óbvio (a primeira vez que viu seu produto em ação, o primeiro dia em que abriu oficialmente para negócios, sua primeira ligação de vendas) ou mais distante (a primeira vez que tentou um hobby que agora ama, a primeira vez que encontrou alguém que agora é importante para você). A história que você acabar contando pode não ser sobre uma primeira vez, mas foque uma primeira vez para encontrar uma boa maneira de desbloquear suas maneiras e de lhe dar mais opções de história.

Faça uma lista de objeções e perguntas dos consumidores.

Essa conversa geralmente é esquisita. Depois de escutar todas as coisas maravilhosas que uma empresa faz, pergunto para um cliente: "Então por que as pessoas *não* escolhem vocês?" Embora ninguém goste de falar sobre isso, se souber por que seu cliente diz não para o que você oferece, pode contar histórias que tranquilizem suas preocupações. Se sabe que pensam que seu produto é muito caro, sabe que tem que buscar histórias que ilustram como o produto economiza o dinheiro deles a longo prazo. Se sabe que são resistentes a mudança, sabe que tem que procurar uma história que ilustre o problema de não mudar para a sua solução.

O mesmo acontece para as perguntas que seus clientes em potencial fazem com mais frequência. Pense no Capítulo 4 e nos dois sistemas do nosso cérebro — o que segue o fluxo e o que é chamado para lidar com o que é difícil. Quando lhe fazem uma pergunta, geralmente nosso primeiro instinto é reverter para uma resposta com lógica e, assim, imediatamente nos enrolamos no Sistema 2. Se sabe as perguntas feitas com mais frequência sobre seu produto ou negócio com antecedência, pode encontrar histórias que as respondam com mais eficácia do que uma lista de indicadores lógicos e que ajudam a manter seus clientes naquele espaço mais desejável do Sistema 1.

Olhe para quando você viu a mensagem em ação.

Minha coisa favorita sobre esse tópico é que lhe dá o encorajamento e a liberdade de procurar histórias em qualquer lugar. Se quiser transmitir uma mensagem sobre perseverança, pode contar uma história sobre um protótipo que falhou muitas vezes antes de dar certo. Você poderia contar a história de como queria fazer um espacate, mas não conseguia, até que conseguiu depois de semanas e semanas praticando em seu quarto, no parquinho e na igreja. Contanto que você ligue sua história com a mensagem, quase tudo é válido.

Pergunte-se muito.

O número de histórias que consegue encontrar limita-se apenas pelo número de perguntas que você se faz. Veja uma lista de perguntas que uso para descobrir histórias que tinham sido esquecidas.

- Quando você teve que dar um jeito para sobreviver?
- Qual foi o pior dia na história da sua empresa?
- Quando fez um cliente chorar? Por uma boa razão? Ruim?
- Quando impediu um cliente de chorar?
- Qual foi a coisa mais difícil que já fez em sua empresa?
- A vida de quem é diferente por causa de sua empresa?
- De que momento você mais se orgulha em seu trabalho ou empresa?
- Sem qual evento ou decisão na história de sua empresa ela não teria sobrevivido?
- Quando você se surpreendeu ou esteve errado sobre alguém ou algo em sua empresa?
- Qual foi sua primeira venda?
- Qual foi sua venda mais significativa?
- Você se lembra de um momento em que perdeu uma venda?
- Quem é seu cliente mais satisfeito?
- Quem é seu cliente mais insatisfeito?
- Qual foi seu momento mais embaraçoso?
- Quando alguém disse que você não podia conseguir alguma coisa?
- Em que momento você soube que o trabalho que faz vale a pena?

Independentemente de qual desses itens você escolha, uma vez que reduza a lista e comece a se aprofundar, você encontrará muito mais material de histórias do que provavelmente imaginou que havia.

A Grande Mentira

Eu estava lendo um livro e o autor afirmava que, para ter histórias dignas de serem contadas, era necessário uma vida digna de ser vivida, implicando que a fonte de sua falta de histórias é que não valia a pena contar sua vida. Admito que, embora não seja propensa a expressões físicas de raiva, joguei aquele livro na parede. Mentiroso.

Se esse pensamento te assombrar, ignore-o.

É mentira. Uma mentira comum. Mas ainda assim uma mentira.

Sua vida está cheia de histórias. Pode ser que soe audaz, especialmente para aqueles que estão encarando um papel em branco, sentindo que não têm uma história sequer e que nada nunca lhes aconteceu que valha a pena contar.

A verdade é algo que já falei diversas vezes neste capítulo: se alguma vez sentir que não tem histórias, não é porque não tem. É porque nossas histórias não parecem histórias para nós. Elas só parecem a vida. Os exercícios de descoberta neste capítulo distilarão momentos específicos e os revelarão: histórias esperando para serem encontradas e contadas.

Encontrando a História, Fase 2: A Escolha da História

Sim, você tem histórias. Se trabalha com a lista da página anterior, provavelmente ficará encantado com as possibilidades. Ou talvez encontrar as histórias nunca foi seu desafio. Talvez seu desafio seja que você sempre soube que tem histórias, mas não sabe onde começar.

Isso nos traz à segunda parte de encontrar histórias. Agora que já reuniu algumas opções, tem que escolher qual história lapidar e contar. Era isso que Suzanne e sua empresa estavam enfrentando. O problema não era coletar, mas escolher.

Histórias que Inspiram

Para tutores de animais, poucas coisas são mais difíceis do que um cachorro, um gato ou outro animal que você ame precisar de cuidados, mas não poder pagar. Essa experiência Suzanne Cannon conhece bem. Quando o cachorro da Suzanne adoeceu severamente em um final de semana, sua única opção era uma clínica veterinária de emergência. Mas, assim como para humanos, quando falamos de saúde de animais, *emergência* é outra palavra para *caro*. Antes do fim de semana acabar, Suzanne tinha uma conta de US$4 mil e não fazia ideia de como pagaria.

Na época, estava passando por um divórcio horrível. O dinheiro estava curto e ela não conseguia financiamento por terceiros por causa de seu crédito. A clínica de emergência não tinha planos de pagamento.

O que faz se alguém que você ama precisa de cuidados que você não pode pagar? É um dilema de cortar o coração.

O cachorrinho da Suzanne, por fim, se recuperou, mas a agonia de ter um cachorro doente e não ter como pagar pelos cuidados ficou em sua mente. Esse foi o começo da VetBilling, que ajuda veterinários a providenciar opções de pagamento flexíveis para tutores de animais.

Suzanne e seu sócio, Tony Ferraro, gerenciam a VetBilling, e o storytelling é uma parte-chave do seu processo de vendas. Diferentemente de muitas empresas que ainda esperam que os recursos e benefícios façam o trabalho, Suzanne se convenceu de que precisavam se conectar em um nível emocional. Ela usa sua história desde o começo para ilustrar o problema que os tutores de animais e veterinários enfrentam e como a VetBilling poderia ajudar.

No começo, parecia que as coisas estavam funcionando. Estavam cadastrando veterinários para o programa da VetBilling sem dificuldade. Mas, gradualmente, um problema foi emergindo. Não tinham renda. Apesar do número de veterinários, não entrava dinheiro.

Suzanne e Tony perceberam que estavam enfrentando um problema de vendas. Enquanto os tutores de animais geravam renda do VetBilling pelo uso dos planos de pagamento, a única maneira de fazê-los assinar um plano era se o veterinário o mencionasse. Mesmo se um veterinário estivesse inscrito na VetBilling, nada acontecia, a menos que o veterinário usasse o programa com seus clientes. Em essência, a VetBilling precisava que os veterinários se engajassem para ter sucesso.

"Quando começamos", Tony disse, "inscrevíamos dez clientes por mês. Mas isso não queria dizer que eles assinariam algum plano de pagamento. Eles diziam que era ótimo e que entendiam, mas não nos usavam".

O desafio da VetBilling era essencialmente o oposto do que, digamos, um serviço de matrículas como uma academia pode ter. Uma academia só precisa inscrever as pessoas — o máximo possível — para planos mensais, e não importa se o cliente realmente use a academia. Ela ainda receberá o dinheiro. Não era assim para a VetBilling. A única maneira de ganhar dinheiro era se os clientes usassem o programa.

A história inicial tinha dado certo, mas não tinha resolvido a segunda parte do processo de vendas — a que significa a renda para a VetBilling e que colocava comida na mesa de Suzanne e no pratinho do seu cachorro. Como podemos fazer para os veterinários usarem o serviço depois de inscritos?

Esse era um problema para uma história resolver. Mas não qualquer história. A história certa.

Qualquer História Versus a História Certa

A história da Suzanne, a que estava contando para os novos veterinários em potencial, era uma história fundadora clássica, ótima. Sua comovente experiência pessoal tinha levado à criação de uma empresa. Era envolvente e autêntica, e se quisesse ter certeza de que ela estava comprometida, sua história fundadora fazia bem o trabalho. Mas não estava aumentando a renda a VetBilling. A inscrição era gratuita e não havia nenhum risco. Os veterinários podiam facilmente dizer sim. E diziam. Mas fazer com que eles usassem o serviço demandava outra história. Uma história que ilustrasse o valor de usar seu serviço. Uma história que refletisse sobre o que mantinha os veterinários acordados à noite e apresentasse a VetBilling como a solução a esse problema.

Suzanne e Tony sabiam o que era: o ato doloroso de não aceitar um animal porque o tutor não podia pagar. Sabiam que os veterinários enfrentavam as mesmas situações tremendamente estressantes e desafiadoras de muitos profissionais da saúde. Mas enfrentavam um desafio extra, que muitos médicos e enfermeiros não enfrentam: quase nenhum animal tem convênio médico. A indústria gira predominantemente em torno do dinheiro e muitos tutores de animais simplesmente não podem pagar o custo de uma consulta inesperada.

Imagine que você é veterinário. Você quase certamente entrou nesse ramo porque ama os animais. Você tem muita empatia pelo vínculo entre os animais e seus tutores. Mas também gerencia o que é um pequeno hospital completo, com equipamentos de diagnóstico, serviços cirúrgicos e internações. É caro. Você não pode fazer todo animal *pro bono*.

O que você diz a um tutor que não pode pagar um procedimento que vai salvar a vida do cachorro da família? Como fica na linha entre manter sua empresa solvente *e* ajudar todas as pessoas e animais que quiser?

Depois de refletir sobre o dilema de seus clientes, a VetBilling mudou a estratégia de contar histórias de valor. No fim das contas, faz toda a diferença quando você escolhe a história certa para a situação em vez de contar qualquer história.

Se seu objetivo é ter mais histórias para contar em eventos familiares, em reuniões com amigos de seu parceiro ou nos jogos de futebol de seus filhos, então simplesmente coletar histórias seria o suficiente. Mas quando quiser usar histórias de forma estratégica, especialmente nos negócios, escolher a história certa é tão importante quanto. E um ótimo lugar para começar o processo de escolha é com as quatro histórias essenciais que discutimos no Capítulo 2 deste livro. Essas histórias são uma maneira direta de estreitar uma infinidade de histórias para algumas poucas que servem a um objetivo específico.

Veja essa folha de cola:

- Escolha uma história de valor se quiser vendas e marketing mais eficazes;
- Escolha uma história fundadora caso queira aumentar a confiança e se diferenciar;

- Escolha uma história do propósito se quiser engajar e se alinhar com sua equipe;
- Escolha uma história do consumidor se quiser melhores vendas, marketing e credibilidade.

Por um período razoável de tempo, a maioria das empresas precisa das quatro histórias. Não há negócios duráveis que não tenham passado pelo processo de ser fundado, ter vendas aumentadas, liderar equipes e entregar serviço a consumidores. Além disso, o propósito de cada história não é exclusivo. Uma ótima história fundadora, por exemplo, pode também servir para ajudar nas vendas. Uma história do propósito incrível pode também alavancar as vendas. As quatro histórias se misturam. Mas vê-las como tipos distintos de história o ajudará a começar escolhendo a correta.

Então, pergunte-se de que história mais precisa no momento. Qual é o objetivo mais urgente? Depois que restringir seu objetivo, use as quatro histórias como guia para analisar as opções de história que descobriu no processo de coleta para encontrar a que funciona melhor para você.

Essa mudança sutil, mas poderosa, em contar histórias de valor era do que a VetBilling precisava. Agora, em vez de focar a história fundadora, que ainda tem seu lugar, é claro, começaram a construir uma coleção de histórias de valor dos próprios veterinários. Histórias que ilustravam o valor real do que era possível com o VetBilling: a habilidade de realizar o desejo de todo veterinário de ajudar o máximo possível de animais.

Os resultados logo apareceram.

"Triplicou, quadruplicou o número de clientes", Tony se recorda. "Quando rodamos a campanha, ele realmente expandiu. Agora, dos veterinários que estavam se cadastrando por causa de nossas histórias, 95% nos enviam propostas instantaneamente".

Tudo Pelo Público

O que a história da VetBilling nos ensina é que fazer as histórias trabalharem para sua empresa tem tanto a ver com o escolher quanto o contar. Não basta apenas encontrar uma história. É necessário escolher a correta. Aquela que preenche suas necessidades, sua empresa e seu público.

O último é a chave: seu público.

Lembre-se: você não está contando uma história pela história. E eu certamente espero que não esteja contando uma história apenas para ouvir sua própria voz. Se estiver contando uma história em sua empresa, o está fazendo para um público e por um motivo. Estas são sempre as duas primeiras perguntas que faço sempre que me reúno com meu cliente:

1. Para quem você está contando essa história?
2. O que quer que eles pensem, sintam, saibam ou façam?

As respostas a essas perguntas são uma parte essencial do processo de escolha da história. Se o cliente está contando a história para novos consumidores em potencial, que talvez precisem de alguma garantia que esse empresário é a pessoa certa para o trabalho, escolhemos histórias que demonstram a competência e a paixão dele e que tenham uma dose de "você quer o que eu possuo". Se o público é um conselho de tomadores de decisão céticos que se importam e duvidam da eficácia do produto, escolheremos uma história sobre o produto tendo sucesso sob pressão e, se possível, incluímos personagens que também estavam céticos, mas passaram a acreditar depois que disseram sim.

Em sua essência, a arte de escolher uma história tem tudo a ver com onde o público e seu objetivo se encontram. Olhe para os momentos que coletou e escolha uma história que esteja nessa interseção e estará feito.

Encontrando Histórias no Momento

Passamos a maior parte deste capítulo discutindo maneiras de encontrar histórias que aconteceram no passado: momentos em sua história que poderiam, com um pouco de lapidação, apresentar uma mensagem maior e resultar em grandes retornos. Mas seria negligente se não mencionasse minha maneira favorita de encontrar histórias: assisti-las acontecendo diante de meus olhos.

Quando entrei em um avião recentemente, vi uma senhorinha, sua irmã e uma comissária em uma batalha para colocar as bagagens no compartimento.

Encontrando Sua História

Aparentemente, a senhora pediu para a comissária guardar para ela. A comissária disse que o contrato dela não permitia. Talvez alguém tenha dado um soco? Não tenho certeza, perdi essa parte. Mas algo deve ter acontecido, porque, quando sentei, a comissária estava ameaçando remover a senhora de 80 anos e a irmã do voo.

Como não tinha testemunhado o começo da altercação, não ficou claro de quem era a culpa, mas, de qualquer forma, tudo pareceu um pouco extremo. Finalmente, quando a comissária chamou o agente do portão para fazer a remoção, a irmã conseguiu melhorar a situação explicando que há décadas elas não voavam e que não sabiam que as normas haviam mudado. A irmã então contou a história da reunião de família a que estavam indo e o quão ansiosas estavam para se reunirem mais uma vez.

A história foi a salvadora da pátria. A comissária imediatamente se acalmou e contou uma história sobre uma reunião em família a que havia ido recentemente. As irmãs e a comissária descobriram que tinham raízes no centro-oeste. Trocaram histórias e informações de contato e se abraçaram quando aterrissamos. Assisti isso acontecendo e pensei que havia mais do que uma história ali. O que eu vi foram histórias sobre serviço ao consumidor, sobre conclusões precipitadas, sobre mal-entendidos e sobre como saber a história de alguém nos leva a nos conectar, nos compreender e a ter mais compaixão.

Tomei algumas notas sobre essa interação e pensei que algum dia contaria essa história (tecnicamente, acho que esse algum dia é aqui, embora não seja o propósito original).

Bem, essa história é um lembrete de que as histórias estão acontecendo ao nosso redor todos os dias. E agora que já está bem versado sobre a importância e o valor das histórias, espero que fique tão viciado em encontrar novas histórias quanto eu.

Para alimentar esse vício, você só precisa se desconectar do celular e olhar à sua volta. Qualquer momento que o deixa fascinado pode ser uma história. Ou que lhe faz sorrir. Ou que lhe deixe levemente bravo. Ou que você presencia com certa curiosidade. Cada uma delas é material de primeira qualidade acontecendo no momento. O risco, é claro, é de que você se esquecerá. A chave para evitar essa circunstância é anotar rapidamente o que viu, ouviu ou testemunhou.

Não tem que ser um processo complicado. Na verdade, meu processo para registrar esses momentos é um pouco bagunçado. Algumas vezes, anoto alguns pensamentos em minha agenda (sim, ainda tenho uma) ou em um caderno pequeno (sim, também tenho um) ou em um app em meu celular. Às vezes, os envio por e-mail para mim mesma ou posto meus pensamentos em um story do Instagram que apenas aparece por 24 horas e depois fica arquivado em meu histórico pessoal para referência futura. Rabisco histórias em guardanapos, no verso de notas fiscais, em pedaços de papel que ficam jogados em casa ou na minha bolsa.

Meu arquivo de histórias não é arrumado. Não é bonito. E sempre prometo melhorar algum dia. Enquanto isso, me mantenho ao menos tendo algum tipo de registro do que vi. E você também deveria.

Como quer que escolha fazer, tire um tempo para tomar notas das histórias que estão acontecendo ao seu redor para que seja mais provável que se lembre dos rascunhos caso algum dia precise lapidá-los em uma história.

Quando Encontrar o Que Estiver Procurando

Acredito que era isso que eu estava procurando há muitos anos no festival de storytelling em que dei as boas-vindas ao meu mentor ao palco. Uma lista de rascunhos, coletados há décadas e prontos para serem contados.

É claro, essa é a diferença. A lista de rascunhos de Donald Davis era mais do que apenas rascunhos. Cada item estava pronto para ser contado porque ele havia se dedicado a lapidá-los.

Esse é nosso próximo passo.

CAPÍTULO NOVE

Lapidando Sua História

Como Criar Histórias Envolventes
Mesmo Que Você Pense Que Não Consegue

As ideias vêm e vão. As histórias ficam.
—Nassim Nicholas Taleb, Autor

Quando fizer o trabalho do capítulo anterior, acabará com duas coisas. A primeira é uma coleção de ideias de histórias: as sementes de histórias em potencial que você pode usar para cativar, influenciar e transformar. A segunda é uma ideia de história singular: que você escolheu da coleção como a melhor para o trabalho em questão.

Seu próximo trabalho é lapidar essa história para que seja envolvente para a pessoa que a lerá, ouvirá ou assistirá. Conforme releio essa frase, percebo que pode soar intimidador se você nunca se considerou um escritor. Talvez prefira fórmulas e equações. Ou talvez goste de fazer diários, mas na última vez que escreveu qualquer coisa que não fossem um e-mail ou descrição de produto ainda esperava que *Lost* teria um final adequado.

Se parece você, fique tranquilo, você conseguirá. Não digo isso para inflar seu ego. Digo isso porque já vi pessoas das mais analíticas, sem emoção, "mais robô do que humano" autodeclaradas, lapidarem histórias irresistíveis e inesquecíveis. Como? Usando o sistema e os componentes deste livro. Uma fórmula que você já conhece, um sistema que viu em ação em todas as histórias que leu aqui. Esteja a narrativa envolvente em seu DNA, ou caso coma dados no café da manhã, lapidar ótimas histórias é uma habilidade simples que todo mundo pode dominar.

Colocando a Estrutura e os Componentes do Storytelling para Trabalhar

Você com certeza se lembra da nossa estrutura do storytelling do Capítulo 3:

Normal → Explosão → Novo Normal

Três partes. Não nove. Se me perguntar, acho bem legal. Nove parece muito. Três parece gerenciável. Como verá neste capítulo, é totalmente gerenciável. Cada uma dessas três partes tem um papel importante na lapidação de histórias que cativarão, influenciarão e transformarão seu público.

Só o que precisa são dos rascunhos de histórias que encontrou no capítulo anterior, domínio dos quatro componentes que discutimos ao longo de todo o livro e a história que você escolheu para seu objetivo. Quando tiver todos esses elementos, estará pronto para começar a montar sua história. E embora eu seja o tipo "vamos começar do começo", quando falamos de lapidar uma história, é melhor pegar o que há no Capítulo 8 e começar do meio.

Explosão: Comece no Meio

Embora a explosão seja o meio da nossa estrutura de três partes, acho que é aqui que nossas histórias geralmente começam. Enquanto olhava para os rascunhos de histórias do capítulo anterior, as memórias, os momentos que vieram à tona foram provavelmente explosões, porque, quando uma história acontece conosco, na maioria das vezes não percebemos até estarmos no meio dela. Não percebemos que uma história está acontecendo até que chegamos à explosão. O que faz sentido, porque a primeira parte de qualquer história é, por definição, normal. Daí o nome. Essencialmente, não é uma história até que a explosão aconteça e, por isso, não percebemos o normal até que o vemos em contraste com a explosão e o novo normal.

Essa cegueira natural ao normal significa que é bem difícil começar a partir dele ao lapidar uma história. É melhor começar com a explosão, o que aconteceu e depois voltar para trás.

Por exemplo, a explosão na história do valor da Workiva foi quando o atleta aspirante começou a usar o produto da marca. A explosão para a consultora financeira aconteceu quando ela foi pega lavando seu dinheiro. A explosão para o pai que tentava transmitir sabedoria para sua filha foi quando ela apontou que ele estava usando meias de pares diferentes. Em uma frase ou declaração, nenhuma dessas experiências, ou explosões, são uma história. Elas não vão lhe envolver e dar início ao processo cocriativo, não vão lhe engajar nas emoções e no processo de pintar uma imagem mental coletiva.

Mas são um lugar para começar.

Uma vez que identificar esse momento crucial ao redor do qual construir a história, é hora de voltar para o começo.

Normal: De Volta ao Começo

Lapidar o normal é a parte mais divertida e importante do processo da história. É aqui que você pega um acontecimento e o faz ser importante. É aqui que faz o público se importar. Além disso, é aqui que você alonga seus músculos da empatia, que diz simultaneamente: "Te conheço" e "Você me conhece". É aqui que o ouvinte ou leitor de sua história se acomoda, abaixa a guarda e, se fizer certo, conecta o mundo deles com o seu por tempo suficiente para você eliminar o vão.

E, caso esteja se perguntando, essa é a parte que os humanos amam. Seu público gostará do senso sutil que, apesar de tudo parecer seguir conforme o planejado, algo está para acontecer. Você vê isso acontecer uma centena de vezes ampliado quando assiste a um filme com alguém extremamente sensível com o normal. As crianças são assim. Meu marido também é assim. Não precisa nem ser suspense! Só precisa de um normal que se desenvolve progressivamente e eles mal conseguem se conter. Eles têm que fazer perguntas. Eles têm que fazer previsões. Ficam encantados com o normal e sabem que algo está prestes a explodir e não conseguem lidar com isso.

Quando falamos de storytelling nos negócios é muito menos dramático, mas igualmente eficaz.

O normal para o CEO do Maricopa Medical Center foi a cena desenvolvida na audiência pública quando o homem em situação de rua entrou e nos importamos quando o trataram diferentemente do que esperávamos.

O normal para o menino no comercial do McDonald's era sentir que não tinha nada em comum com seu pai, então nos importamos quando ele encontra algo que tinham em comum.

O normal para o jogador de polo aquático foi a história inteira nos levando ao momento em que ele saiu da equipe.

Em cada um desses casos, o efeito da explosão dependia completamente da lapidação do normal. E o mesmo será verdade para você e suas histórias. A boa notícia é que você pode usar os componentes da história como um checklist enquanto constrói seu normal.

Inclua detalhes sobre o personagem identificável, detalhes que pintarão a cena e parecerão familiares ao público. Feito!

Inclua as emoções, o que eles (ou você, se for o personagem na história) estavam sentindo, desejando ou pensando à medida que a situação se desenrolava. Feito!

Inclua o momento específico no tempo e espaço que estava acontecendo. Um restaurante? Uma prefeitura? Uma terça-feira normal no meio de junho? Uma sexta-feira estressante durante as férias? Feito!

E, por último, com seu público-alvo em mente, inclua detalhes para que soe familiar a eles. Ao longo de toda a história eles devem pensar: *Já senti isso. Entendo isso. Isso parece certo. Sim. Sim. Sim. Sim.* Feito!

Então, depois de todos esses sim, quando a explosão surge e a solução é encontrada ou a lição aprendida ou a percepção ocorre, o público dirá: "Nossa..."

Muito como em *Harry e Sally*, a resposta natural depois disso é: "Eu quero o que ela pediu."

Novo Normal: Navegação Suave

Se fizer o resto da história direito, o novo normal se escreve sozinho. É uma recapitulação da lição aprendida e o que isso significa para a pessoa que ouve a história. Ao lapidar o novo normal, depende de você o quão evidente quer deixar a mensagem.

O jogador de polo aquático que virou executivo não falou para o público não desistir senão se arrependeriam. Mas deixou isso implícito na maneira como terminou o novo normal.

O fundador da Desert Star Construction terminou sua história relembrando seu primeiro forte e dizendo que mal podia esperar para ver o que ele e o novo cliente construiriam em seguida.

A consultora financeira garantiu a seus clientes em potencial que trataria o dinheiro deles com tanto amor quanto havia tratado o próprio dinheiro quando era criança.

A parte mais importante da lapidação do novo normal é usá-la como uma oportunidade de fechar o círculo. Termine a história de volta ao começo, só que com o benefício do conhecimento, sabedoria e compreensão que você não tinha no normal.

É isso.

Isso é tudo o que você precisa para começar a lapidar suas histórias. Como qualquer outra coisa, a prática o deixará melhor. Com o tempo, seja com feedback de outras pessoas ou o próprio, você começará a perceber o que funciona e o que não funciona. E se tiver o luxo de poder contar uma história mais de uma vez, talvez em apresentações repetidas ou em múltiplas entrevistas, use cada contação como uma oportunidade de avaliar quais partes realmente atingiram o objetivo e quais não soaram tão bem, ajustando conforme o necessário.

Sem Letras Miúdas, Sem Artimanhas

A melhor parte de usar esse método comprovado para lapidar histórias (além do fato de que é tão direto e simples quanto parece) é que funciona. Totalmente. Completamente. Sem truques nem artimanhas.

Uma pessoa uma vez me abordou com um sorriso amarelo depois de uma palestra minha para um público do marketing.

"Você mudou a música, não?", disse, enquanto ficava pertinho do meu rosto e me encarava.

"Hm... Hã... Eu...", gaguejei um pouco, confusa com a questão e pega de surpresa com a abordagem abrupta.

O homem nem se apresentou, de tão inebriado que estava com o que pensava ter descoberto.

"No vídeo do final. Você mudou a música para deixá-lo mais emotivo, não?!" Ele sorriu novamente.

Ah, tá. Fazia sentido agora. Na apresentação, tinha usado um exemplo de uma marca que pensou que estivesse contando uma história em um vídeo e então mostrei o contraste e um segundo vídeo, quando realmente contaram uma história. A diferença foi profunda, como é de se esperar. Aparentemente, a mudança foi tão profunda que esse especialista em marketing de vídeo não conseguia acreditar que a distinção foi criada apenas pela história. Deve haver mais do que isso. Devemos ter mudado a música para realmente ocorrer um contraste entre as duas histórias.

"Não", respondi com meu próprio sorrisinho. Usamos a mesma trilha. A mesma filmagem. Apenas adicionamos pequenos clips, porque a versão da história era um pouco mais longa. Tudo o que tinha mudado entre os dois vídeos foi que lapidamos uma história e a contamos.

Histórias bem lapidadas não precisam de artimanhas para funcionar. Esse é o ponto!

Lembra-se de que assisti ao comercial de chiclete de Juan e Sarah no mudo? Ou que os comerciais da Apple e da Budweiser não usam palavras?

Quaisquer outras histórias neste livro — e houve muitas delas — funcionaram não porque as arrumamos ou manipulamos de alguma forma, mas porque eram reais, incluíam nossos componentes de histórias necessários e seguiram essa simples fórmula.

Essa é a beleza do storytelling. Uma história pode ser ela mesma.

Pense em quão melhor seria o mundo se não tivéssemos que abordar cada mensagem com um sorrisinho.

História a Qualquer Momento em Qualquer Momento

Com frequência me perguntam o quão longa uma história deveria ser. A conversa pode seguir alguns caminhos. Às vezes, a pessoa mencionará a história de sapatinhos de bebê que pode ter sido ou não escrita por Hemingway. Costumo mencionar Mark Twain: "Se eu tivesse mais tempo, teria escrito uma carta mais curta" — menção a como é muito mais difícil a brevidade do que uma história longa.

Talvez a resposta ríspida que dou é que uma história deveria ter exatamente o tamanho que precisa.

Por exemplo, recentemente, peguei um elevador no aeroporto com três pessoas: dois homens e uma mulher jovens. Eles iam para o quarto andar. Eu seguiria para o quinto.

A porta fechou e a mulher perguntou a seus amigos: "Você sabem onde meus pais estão agora?"

Os caras balançaram a cabeça.

Ela disse: "Estão no velório do amigo do meu pai que morreu em Pearl Harbor. Acabaram de encontrar o corpo e estão homenageando o bom e velho Tio Mike."

Naquele momento a porta se abriu e os três saíram, me deixando sozinha no elevador, de boca aberta. Uma vítima de Pearl Harbor encontrada só agora? Fiquei tão intrigada que quase corri atrás deles, mas as portas de aço se fecharam, tirando sarro tanto da minha curiosidade quanto da hesitação.

Durante décadas, especialistas em vendas e marketing vêm tentando resolver o enigma da "conversa de elevador". Como fornecer informações suficientes e criar intriga suficiente para que, em uma curta jornada de elevador com um prospecto, as pessoas gostariam de saber mais?

Certamente, esses viajantes não estavam tentando vender nada, mas essa é exatamente a questão. A conversa de elevador deles não era uma apresentação. Era uma história. Pense nisso. Tinha personagens identificáveis: os pais da menina e o bom velho Tio Mike. Houve um momento no tempo: "agora". E até o detalhe específico de Pearl Harbor que, como mencionar John F. Kennedy na história da Eight & Bob, é um atalho para um mundo de familiaridade para os norte-americanos.

Cheguei em casa do aeroporto naquele dia e contei ao meu marido a história da melhor conversa de elevador de todos os tempos — e admiti que quase perdi um braço na porta do elevador tentando segui-los para ouvir o resto. Juntos, pesquisamos no Google "Mike Pearl Harbor corpo encontrado" e lemos sobre o novo teste de DNA que significava que familiares podiam finalmente deixar seus amados descansar. E, realmente, havia tido um velório naquele dia — no qual provavelmente os pais da jovem estavam.

Na verdade, não acredito que apresentações de vendas nos elevadores sejam tão importantes assim. É uma dessas técnicas de vendas da qual você ouve falar, mas nunca acontece no mundo real. O que a história realmente revela, no entanto, é que as histórias não precisam ser longas para serem eficazes. Precisam ter o comprimento necessário.

Sei que dizer "O comprimento necessário" é uma resposta irritante. Mas é verdade. Como a história do elevador, ela pode ter dez segundos ou, se for apresentar no National Storytelling Festival em Jonesborough, Tennessee, e tiver a honra de ouvir o incrível contador de histórias Jay O'Callahan contar "O

Espírito do Patativa-tropeiro", você seria hipnotizado por 90 minutos. Sim, as histórias podem ser curtas ou longas a depender de sua necessidade enquanto segue a estrutura e inclui os componentes.

Acho que a melhor abordagem é começar com a história completa. Escreva, conte, não deixe nada de fora. Então, faça cortes para preencher o espaço que tiver. Veja alguns exemplos de como isso pode acontecer.

A História de Dez Segundos

A história de dez segundos para a Unbounce, por exemplo, poderia ser:

> Um gerente de marketing tinha dificuldades para fazer seu trabalho com orçamento limitado, pouco conhecimento técnico e controle. Eles estava frustrado, se sentindo subvalorizado e, se fosse completamente honesto, um pouco irritado. Então começou a usar a Unbounce Convertables. Agora ele pode fazer tudo o que queria com as habilidades que tem, dentro do orçamento e não odeia mais seu trabalho. Se for completamente honesto, ele ama seu trabalho novamente.

Veja o inventário:

- **Normal:** Dificuldade para fazer o trabalho.
- **Explosão:** Usar Unbounce Convertables.
- **Novo Normal:** Pode fazer seu trabalho e gostar dele. Também observe a ligação com o normal ao replicar a frase "Se for completamente honesto", mas com o resultado oposto.
- **Personagem Identificável:** Um gerente de marketing específico.
- **Emoção:** Frustração, sentir-se subvalorizado, irritado.
- **Momento:** Começou a usar Convertables.
- **Detalhes Específicos:** Não usa detalhes físicos específicos para dar familiaridade, mas, ao incluir a palavra *irritado*, tocamos o vernáculo da persona, provavelmente umas mil pessoas se expressariam assim.

A história de dez segundos da VetBilling poderia ser:

> Lisa sonhava em ser veterinária a vida inteira. Ela não tinha ideia de como seria de cortar o coração não poder ajudar financeiramente tutores de animais que desesperadamente precisavam de serviços que não podiam pagar. Então Lisa encontrou a VetBilling. Agora ela não tem que se preocupar em dizer não a animais que necessitam e está livre para fazer o trabalho que nasceu para fazer.

Veja outro inventário:

- **Normal:** Sonho de ser veterinário. Não poder ajudar animais cujos tutores não puderem pagar.
- **Explosão:** Encontrar a VetBilling.
- **Novo Normal:** Agora ela pode servir todos os animais. Também observe a ligação com o normal com a menção de o sonho de sua vida e depois sua habilidade de fazer o trabalho que tinha nascido pra fazer.
- **Personagem Identificável:** Lisa, a veterinária.
- **Emoção:** Coração partido.
- **Momento:** Essa história não inclui um momento específico (o que não é ideal, mas com uma história supercurta, geralmente um dos elementos é cortado).
- **Detalhes Específicos:** Como a história da Unbounce, essa não inclui um detalhe físico específico. Mas o coração partido é uma emoção familiar e específica aos veterinários.

Ir da história completa para a de dez segundos é muito extremo. E as chances de você realmente falar com alguém no elevador são pequenas. Tipicamente, as histórias nos negócios variam de três a sete minutos, e é seu trabalho gastar esses minutos com sabedoria. Eles são melhor gastos construindo o normal com os componentes, levando seu público ao processo cocriativo, ajudando-o a criar uma imagem envolvente em sua mente, conectando-o com as emoções e o que está em jogo e levando-o a dizer: "Entendo isso" e "Consigo me relacionar a isso".

Se fizer isso, o tempo não terá importância. Ele parará.

Evitando Erros de Lapidação Comuns

Mesmo com uma estrutura e componentes simples, como aprendeu aqui, há alguns erros comuns e tentações a serem evitadas. Conhecê-los de trás pra frente o ajudará no processo.

Não Lapidar a História para Especificamente Apoiar seus Objetivos

Em 2015, fiz um workshop para a United Way em Indianápolis. O público aquele dia era composto quase inteiramente por angariadores de fundos, o que foi tão divertido quanto desafiador, porque o lugar estava repleto do equivalente a contadores de histórias profissionais. Embora meu trabalho seja ajudar pessoas que estão começando a usar histórias, essa era uma oportunidade para ajudar contadores de história profissionais a melhorar o trabalho deles.

Na maioria dos dias, o trabalho de um angariador de fundos é vendas. Para angariar fundos para os programas do United Way, eles podem ter uma reunião individual com um tomador de decisão ou doador um dia e falar com uma plateia cheia de empregados da corporação no dia seguinte. Mas, em cada caso, são as histórias que os ajudam a fazer seu trabalho.

Passamos um dia trabalhando nessas histórias e voltei no mês de junho seguinte para verificar e aprofundar o assunto. Nesse ponto, eles tinham aplicado as estratégias do workshop anterior por quase um ano e estava na hora de táticas avançadas.

O plano do dia era simples. Quatro pessoas compartilhariam as histórias que estavam usando e faríamos o workshop em cima delas, melhorando-as, refinando-as e compartilhando o que estava funcionando e o que não estava.

Sharon (não é o nome verdadeira dela) contou uma linda história sobre um menino com quem ela havia trabalhado da primeira vez que foi leitora voluntária na United Way. Quando conheceu o garoto, ele era extremamente tímido e reservado, mas, com o tempo que passaram juntos, ele emergiu de sua bolha e começou a progredir.

Foi uma ótima história que ilustrava perfeitamente a possibilidade de mudança que a United Way podia oferecer e Sharon cativou todos nós. Depois de muito trabalho, estava pronta para seguir para a próxima história. Sharon havia claramente acertado em cheio.

Mas depois dos elogios e antes de eu dar as boas-vindas ao próximo contador, Sharon levantou a mão. "Mas tenho um problema, não estou recebendo doações".

"Você conta essa história como fez aqui?", perguntei.

"Sim. E sei que as pessoas amam a história. Algumas quase choram."

Fiquei confusa. Qual era o problema?

"O problema", Sharon explicou, "é que todos querem se voluntariar."

À primeira vista, isso parece impressionante. Obter ajuda voluntária é notoriamente difícil. E a United Way sempre precisa de voluntários. Mas esse não era o objetivo da Sharon. O programa precisa de dinheiro e o trabalho dela era angariá-lo. A história dela, por mais bonita e tocante que fosse, simplesmente não estava fazendo o que precisava. Estava cumprindo *uma* função, mas a errada.

Como aprendemos no capítulo anterior, há uma diferença entre encontrar *uma* história e encontrar a história *certa*. Tinha certeza de que Sharon tinha encontrado a história certa, sobre o garoto e a diferença que a United Way tinha feito em sua vida era perfeita para a tarefa. Estávamos lidando com um problema de lapidação. À medida que retomamos sua história e trabalhamos nela, o problema surgiu rapidamente. A história em si era envolvente, mas a mensagem — o que as pessoas absorviam — era de que é muito gratificante ser voluntário.

O normal dela falava muito sobre como se sentia enquanto voluntária. Ela era o personagem identificável. Eram as emoções dela. O momento e a explosão centravam na percepção dela sobre o valor do voluntariado. Uma pequena mudança para que o menino fosse o personagem, focasse as emoções dele e a transformação que foi possível pelo dinheiro doado por pessoas como aquelas a quem Sharon a apresentava, mudava completamente a história. Ainda assim, não mudava nada. A história ainda era essencialmente a mesma, foi a lapidação que mudou.

O problema da Sharon é significativo e ilustra as nuances da lapidação correta de uma história. Felizmente, você raramente tem que lapidar uma história inteira. Se sentir-se confiante de ter encontrado a história certa, mas não está cumprindo sua função, olhe sua lapidação. Você tem o personagem certo? Sua explosão está alinhada a seu objetivo? Com alguns pequenos ajustes, Sharon voltou ao trabalho e você também pode.

Cortando as Pequenas Coisas

"Falta alguma coisa."

Foi tudo o que meu amigo disse em seu e-mail. Estávamos trabalhando juntos para encontrar a história de introdução perfeita para uma apresentação sobre independência financeira e encontramos: a história da primeira vez que abriram uma conta bancária quando criança junto com sua avó.

Tinha tudo o que faz uma história ser perfeita. Ele (na época criança) era o personagem identificável (a propósito, as pessoas amam isso, principalmente quando você está em posição de liderança). Havia uma sedução poderosa no processo cocriativo com detalhes como sentar em frente ao bancário, a folha de cheques, até os doces na mesa. Era perfeita.

Meu amigo enviou o rascunho à sua equipe de editores para uma revisão final e foi quando tudo desmoronou. A versão que enviaram de volta ainda tinha a história, mas estava monótona. Tão monótona que provavelmente o público se perguntaria por que ele tinha contado.

"Falta alguma coisa", ele disse. E estava certo. O que estava faltando? Todos os detalhes. As nuances meticulosas que faziam com que a história fosse uma história. Os editores haviam limpado o documento dos pequenos detalhes, dos componentes que nossa pesquisa mostra serem críticos a uma ótima história. Um conto outrora vibrante era agora uma mistura genérica de eventos: menino quer comprar coisas, menino abre uma conta bancária, menino compreende o que é o dinheiro. Rasa e esquecível.

Tenha você uma equipe de editores ou seja você quem segura a caneta vermelha, cuidado com a tentação de deletar o que mais importa. Depois de tudo o que aprendeu aqui, sei que provavelmente tem uma voz em seu ouvido que está obcecada com a brevidade: 140 caracteres (agora 280, por falar nisso) e clipes de 15 segundos. E essa obsessão significa que algumas das partes mais envolventes de sua história ainda correm risco.

Se já sentiu que falta alguma coisa na sua história, dê uma olhada no que cortou para ter certeza de que não se livrou das partes mais importantes. Na história do banco, reinserimos os detalhes que faltavam e devolvemos a vida a ela. Sim, precisamos de mais algumas palavras, mas elas eram as mais importantes.

O Melhor Por Último

Há muito o que amar em nosso método de lapidar histórias. É simples. É direto. Funciona. Mas o que mais gosto, o que faz com que valha a pena escrever este capítulo (serei honesta, não sou fã de escrever capítulos explicando como fazer) é que usar esse método para lapidar histórias significa que qualquer momento pode se tornar uma história. Qualquer acontecimento ou realização de seu passado. Qualquer incidente que aconteça em uma terça-feira e o faz se perguntar: "Hã?"

Sempre que estiver em meio a uma bagunça, você na verdade está na construção de uma história. Não importa quão pequeno seja o momento, se o lapidar como demonstrei e o conectar a sua mensagem, terá uma possível história em suas mãos.

Recentemente, visitei minha cunhada em seu escritório em um edifício alto de São Francisco. Ela me apresentou em cada cubículo como "a contadora de histórias de quem falei". Todo mundo sorria me reconhecendo e senti profunda gratidão por ter o apoio da minha cunhada. Chegamos perto de uma mulher e minha cunhada disse: "É a esposa do meu irmão. É dela o livro de histórias que lhe dei há um tempo", referindo-se a uma coletânea de histórias que escrevi em 2012. A mulher me olhou e seu rosto se iluminou.

"Aquela história! Aquela história sobre quando você estava no ensino fundamental e saiu! Amo aquela história. Sempre lembro dela. Realmente me impactou". Fiquei surpresa por vários motivos. Primeiro, eu não esperava esse tipo de boas-vindas em um tour pelo escritório da minha cunhada. Mas, mais importante do que isso, não acreditava que aquela história tinha tido todo esse impacto. Era tão pequena. Um pequeno momento de quando eu estava no sexto ano.

O sexto ano foi difícil pra mim. Era o primeiro do ensino fundamental II. Eu era levemente excêntrica para a minha idade em um ambiente em que mesmo uma fração de diferença era motivo para ser ridicularizado. Em retrospecto, não me lembro de ter um único amigo. E, então, como se fosse um milagre, fui aceita no elenco da peça do ensino médio em uma escola no distrito vizinho: *A Noviça Rebelde*.

Interpretei Marta von Trapp, a segunda filha mais nova. Até onde eu saiba, esse papel salvou minha vida.

Enquanto as crianças do primeiro ano do ensino fundamental pareciam me odiar, as do ensino médio que interpretavam freiras, nazistas e uma tropa de irmãos cantores viajantes pareciam me adorar. Elas falavam comigo. Elas riam comigo. Elas me encorajavam. Elas queriam ser minhas amigas. Ao longo desses poucos meses, me senti eu mesma de novo. Podia ser boba e criativa e ninguém parecia se importar.

Em um momento em que quase me perdi, nesse *hills alive music* eu estava a salvo. A peça durou duas semanas e na última noite sonhei que as cortinas não funcionariam, seria impossível fechá-las e a peça continuaria. Para sempre. E eu poderia ser Marta para o resto da minha vida... ou ao menos o resto do sexto ano.

Na última noite, fui convidada para a festa do elenco na casa de uma das freiras. Apesar de eu ter apenas 11 anos, minha mãe e meu pai permitiram que eu fosse a uma festa com as crianças do ensino médio que me deixavam tão feliz. Foi uma noite fresca de outono e o pai da anfitriã nos levou a todos em um passeio pela plantação de trigo e na floresta atrás da casa. Depois disso, entramos, nos sentamos no porão, bebemos cidra e chocolate quente com marshmallows e comemos Cool Ranch Doritos e pizza.

Estava explodindo de felicidade quando a garota que interpretou Louisa von Trapp (minha irmã cantora) me pegou pela mão e me levou até o quintal da frente da casa. Louisa tinha sido uma das minhas preferidas na peça, era alta e magra e tinha cabelos dourados longos e olhos azuis claros. Seu rosto era inocente, como uma boneca Cabbage Patch que havia perdido a gordura de bebê e agora podia cantar, dançar e dirigir. Nos sentamos na grama por um tempo e então Louisa me perguntou se eu queria experimentar uma coisa legal. Disse que sim. Embora muitas das histórias que começam assim terminem com a primeira vez que alguém fumou ou bebeu ou qualquer coisa assim, não é esse tipo de história.

Louisa falou para eu me apoiar em minhas mãos e joelhos. Eu o fiz. Podia ver minha respiração congelando no espaço entre meus lábios e o chão. Ela me falou para fechar os olhos. Fechei. Ela me disse para sentir a terra embaixo das minhas mãos. Consegui. Estava fria e dura e molhada e espetava. Estava se preparando para o inverno, pois a primeira neve viria em poucos dias, apagando qualquer evidência de que estivéramos ali.

Então Louisa me falou para imaginar, em vez de apenas ficar ajoelhada na grama, um espectador na terra, que eu a estava *segurando*. Que o chão frio que sentia abaixo de mim, na verdade estava na palma da minha mão. Ela me falou para perceber que, nesse momento, nesse pedacinho da terra, eu estava segurando o mundo com minhas duas mãos. Abri meus olhos com minhas mãos agarradas firmemente na grama, segurando vigorosamente. O mundo nunca me pareceu tão novo.

Louisa falou gentilmente então, como se para ela mesmo, como se soubesse a dor de ter 11 anos, estar no sexto ano, de não querer usar sutiã e da crueldade das outras crianças. Como se soubesse que o mundo podia ser difícil depois do sexto ano. Ela mesma de quatro, sussurrou que, quando o mundo recebia o melhor de você, tudo o que você tinha que fazer era dedicar um momento para segurá-lo em suas mãos. É assim que sabe que você ainda tem um lugar. Que mesmo que seja apenas esse pedacinho de terra onde suas mãos estão plantadas, há um lugar para você e as possibilidades são infinitas.

Lapidando Sua História

Quando estava frente a frente com a mulher em São Francisco, me lembrei daquela história, daquele momento, daquela sensação. Eu o vi refletido nos olhos da colega de trabalho da minha cunhada e me lembrei daquela noite de muitos anos antes. Me lembrei de voltar para a casa em meus últimos minutos como Marta, de mãos dadas com a Louisa e a forma como nossos olhos brilhavam na escuridão do ar da noite. E me lembrei como aqueles cinco minutos aleatórios do sexto ano poderiam ter tamanho impacto.

Esses momentos acontecem conosco diariamente. Pequenas lições, pequenos eventos, alguns minutos em que aprendemos algo novo ou entendemos coisas de um jeito diferente. Minutos que podemos nos esquecer.

Exceto agora, que você é um contador de histórias.

Agora você sabe que as histórias são o que mais importam.

Agora você sabe que, quanto mais histórias puder contar, mais eficaz será.

E talvez você tenha ficado um pouco preocupado se não tiver muitas histórias. E se tiver apenas uma ou duas e quiser mais? Como as obtemos?

Que minha história do sexto ano seja a garantia de que precisa. Porque aquele momento poderia ter se perdido na bagunça da vida. Foi somente a lapidação da história centrada na explosão que fez com que ela fosse importante para a mulher do escritório da minha cunhada.

Esse é o poder da lapidação. Quando está equipado com a estrutura e os componentes comprovados, não importa o tamanho, não importa a aparente insignificância do momento. Se bem lapidada, qualquer história é possível.

E espero que você as conte.

É disso que falaremos em seguida.

CAPÍTULO DEZ

Contando Sua História

Quando, Onde e Como Contar Suas Histórias

O storytelling é tão velho quanto o acampamento, tão recente quanto um tweet.
   O que move as pessoas é alguém crível.
            —Richard Branson, Fundador do Virgin Group

Se uma árvore cair na floresta e ninguém estiver por perto para ouvir, ela fez algum som?

Essa é uma pergunta muito antiga e, quando se trata de histórias, é muito relevante.

Se encontrar sua história e se esforçar para lapidá-la, mas nunca a contar, ela vai ter importância? Ainda que o dilema da árvore na floresta esteja aberto a questionamento, a resposta para a pergunta do storytelling é bem direta.

Não.

Quando falamos de storytelling, simplesmente saber tudo o que aprendeu até agora não traz nenhum benefício. O conhecimento não é poder, é apenas espaço cerebral gasto se nunca realmente contar sua história.

A boa notícia é que suas oportunidades para o storytelling são infinitas e crescentes. Caso em questão: um artigo recente do *Wall Street Journal* anunciou que algumas empresas agora imprimem encartes e pagam para incluí-los em embalagens de revendedores, como a Saks Fifth Avenue e a Zulily.[1] Se você for gastar tudo isso de dinheiro em um anúncio, pode muito bem contar uma história para fazer com que valha a pena.

É muito parecido com a Windex, que serve para tudo, ou, em minha opinião, uma boa taça de champanhe, uma história bem contada pode resolver uma grande variedade de desafios nos negócios e muito mais. Essencialmente, quando em dúvida, conte uma história. Esse tem sido meu mantra há duas décadas.

Por exemplo, eu era instrutora de spinning, e devo começar dizendo que é muito mais intenso do que parece. Tem tanta coisa acontecendo naquela única hora de ensinamento: você tem que se lembrar dos movimentos, mudar a luz, gritar instruções, ajustar o volume da música, manter os alunos motivados quando tudo o que querem é morrer e, ah, sim, ser uma máquina de cardio.

E isso só durante a aula. Talvez a parte mais estressante de ensinar spinning seja montar uma playlist. Não sei se você já foi a um treino em que a música era insuportável, mas é uma forma única de punição cruel e não usual que deveria ser reservada aos ditadores diabólicos.

Nunca me esquecerei do horror de montar minhas primeiras playlists. Os alunos gostariam? E se odiassem Britney Spears e Daft Punk? Toda semana, quando subia na bicicleta do instrutor, sentia uma dor no estômago por causa disso. Para me acalmar, instintivamente, comecei a contar histórias. Antes de cada rodada, enquanto os alunos estavam se hidratando, eu contava uma história sobre a música que tocaria em seguida. Elas eram curtas, divertidas e davam contexto a cada rodada. Então, sim, talvez odiassem Kylie Minogue, mas amavam a história que eu contava sobre pegar Michael no aeroporto antes de começarmos a namorar e tocar "Can't Get You Out of My Head" no meu carro em uma tentativa de ser sutil.

Devagar, mas consistentemente, o que começou com alguns alunos às 9h30min das manhãs de domingo ou 18h45min nas quartas-feiras se tornaram aulas lotadas e com pessoas sendo impedidas de entrar. Quando dei minha última aula dois anos depois, meus alunos disseram que sentiriam falta do treino, sim, mas sentiriam mais falta das minhas histórias.

Quando estiver em dúvida, conte uma história. Conte-as em e-mails e campanhas. Deixe uma história na sua resposta automática de e-mail. Conte-as em reuniões. Conte-as em webinars. Conte-as online. Um estudo de 2014 conduzido pela empresa de anúncios Adaptly, Facebook e Refinery29, um site de moda e estilo, concluiu que contar uma história sobre a marca — levar os consumidores por uma sequência de mensagens — era mais eficaz do que usar as chamadas tradicionais para ação. Não só mais eficaz, mais *muito* mais eficaz, com a história aumentando nove vezes os views e o número de inscrições.[2]

Então, conte, conte, conte. Seja a pessoa a quem as pessoas anseiam em escutar, mesmo que não saibam exatamente o porquê. Você sabe por quê. Porque as pessoas amam histórias. Elas querem histórias. Então vá em frente. Dê a elas o que querem. Conte suas histórias.

Veja alguns insights em como, onde e quando fazê-lo.

Conte Histórias em Apresentações

Um dos lugares mais óbvios para contar suas histórias é em apresentações. Seja uma atualização de cinco minutos na reunião de equipe semanal ou uma apresentação de oito horas para fechar uma venda multimilionária, as histórias farão com que sua apresentação e resultados subsequentes sejam melhores. Veja algumas dicas aqui.

Histórias que Inspiram

Comece com uma História

Era uma tarde de quinta-feira e eu estava conversando com alguns amigos durante um happy hour raro. Shelly é especialista em sua área e tinha acabado de começar a palestrar em conferências de sua indústria. Essa visibilidade significava um crescimento excelente para seu negócio, mas, para quem nunca se considerou um palestrante, todas as apresentações era intimidantes. Ela perguntou se eu tinha algum conselho. Não ficará surpresa em ouvir que contei uma história para ela, mas minhas razões e estratégias eram muito mais específicas do que você pode imaginar. Especificamente, insisti que ela começasse com uma história.

Assim que ela subisse ao palco e cumprimentasse seu público, disse a ela para começar imediatamente contando sua história. Por quê? Diversas razões. Uma, é um jeito fácil de diminuir a tensão natural que às vezes existe entre o público e o palestrante. Às vezes, a natureza do evento — um argumento ou apresentação de vendas — coloca uma divisão automática entre os dois. Em outros momentos, a natureza do público faz com que o ambiente seja um pouco hostil. Talvez o público seja composto de especialistas descrentes de outros especialistas. Em todo caso, começar com uma história ajuda a quebrar essas barreiras e o torna uma pessoa assim como eles, em vez do especialista na frente da sala a quem são forçados a ouvir.

Assim, encorajei Shelly a contar uma história centrada em cliente versus ela mesma e sua especialidade, situação que provavelmente o público conhecia. Ou contar uma história de um de seus filhos. Como aprendemos nos capítulos anteriores, contanto que a lição aprendida com seus filhos fosse relevante para a mensagem geral de sua apresentação, poderia ilustrar um ponto e equalizar ou neutralizar a tensão do público.

Começar com uma história também ajuda a se acalmar e por um bom motivo. O ato de falar em público, estar vulnerável ao julgamento e à crítica das pessoas, geralmente traz à tona a antiga resposta de autopreservação: lutar ou fugir. Começar com uma história responde a única pergunta com a qual o cérebro reptiliano do palestrante se preocupa no momento: Eles gostam de mim?

Se começar sua palestra com uma história — algo que outras pessoas amam escutar — verá seu público se engajar naturalmente, assentir, descruzar os braços, talvez até rir. Essa não é somente uma experiência positiva para quem o escuta, as dicas visuais da aceitação serão um sinal para seu eu que, sim, as pessoas gostam de você. Com essa pergunta respondida, o resto da apresentação ficará muito mais fácil.

Shelly me agradeceu pelo conselho naquela noite e prometeu colocar em prática. Quatro dias depois de nossa conversa, ela me enviou uma mensagem. Com base no excesso de emojis e letras maiúsculas, sabia que ela ainda estava na vibe da palestra. Ela escreveu: "Comecei com uma história sobre minha filha e foi FANTÁSTICO!" Depois da palestra ela foi cercada de pessoas dizendo que havia sido a melhor apresentação a que já tinham ido. Uma apresentação destinada ao sucesso desde o início.

Quando uma Imagem Não Vale Mil Palavras

Houve um tempo no início da minha carreira em que me recusava a ter uma apresentação com PowerPoint ou com slides. Dizia que era porque eu era contadora de histórias e podia fazer uma apresentação envolvente sem assistência técnica. A verdadeira razão era que eu tinha pavor do PowerPoint e de dificuldades técnicas. Mas, depois de algumas apresentações, tive a impressão de que, embora o público gostasse das minhas histórias, tinham dificuldade de seguir as questões que as acompanhavam. Com relutância, comecei a usar o PowerPoint. Agora tenho slides para quase qualquer apresentação e acredito que, se feitos da maneira correta, os slides são uma ferramenta extremamente eficaz de manter tanto você quanto o público nos trilhos.

Observe as palavras "feitos da maneira correta" na frase anterior. São importantes. Porque, se feitos de maneira incorreta, significa a morte a muitos dos seus sonhos de apresentação. Seguem alguns conselhos para que seus slides e suas histórias trabalhem juntos em uma harmonia perfeita.

Primeiro, tenha um espaço em seus slides dedicado às histórias. Pense nisso como um slide que sinaliza "História". Talvez você conte uma história sobre o dia em que fundou sua empresa. Inclua um slide que seja somente sua logo. O público vê a logo e você vê o sinal para contar a história. Inclua esses slides de história na apresentação como lembretes constantes para mudar das listas, dados e informações para as histórias que fazem com que essas informações sejam importantes.

Em segundo lugar, embora um slide de história seja um ótimo lembrete para mudar para ela, escolha a imagem com sabedoria. Uma apresentação digital se torna um problema para o storytelling quando você depende das imagens nos slides para contar suas histórias em vez de contá-las por si mesmo. Lembre-se que uma das coisas preferidas do público ao ouvir uma história, na verdade, acontece inconscientemente. Enquanto conta uma história, a imaginação de cada ouvinte cria um imaginário ao acompanhá-la. Eles o obtêm de materiais e experiências significativas das próprias vidas para que, no fim, o público fique com uma mistura de suas palavras e as próprias memórias.

É assim que sua mensagem cola.

E é por isso que os aconselho a escolher as imagens com sabedoria. A tentação é, com frequência, enquanto conta sua história, passar fotos dela no fundo. Contando uma história sobre seus filhos? Uma foto. Contando uma história sobre o esqui aquático? Uma foto. Embora pareça o jeito certo, cria um impasse cognitivo e fazer isso viola o poder do processo cocriativo. Dê a imagem e eles não a criarão. E agora você perdeu seu espaço cognitivo.

Ouvi um palestrante falar sobre sua casa dos sonhos e ele fez um trabalho magnífico ao descrevê-la. Desde o tamanho e janelas pitorescas à maneira como eram as ruas ao olhar através da janela. Ele estava descrevendo a sua casa dos sonhos, mas eu estava imaginando a *minha* casa dos sonhos. E então ele postou uma foto de sua casa dos sonhos na tela. E disse: "Vejam, é ela. Essa é minha casa dos sonhos".

Olhei para a foto e pensei: *Ah, não foi a que imaginei. Mas tudo bem.* Naquele momento, todo o trabalho dele de me engajar no processo cocriativo tinha se perdido.

Para evitar esse erro, ao contar uma história em uma apresentação, use suas palavras em vez de contar com as imagens em seus slides. Em vez de colocar uma foto de seus filhos, simplesmente os descreva e o público vai, não importa o quão diferentes sejam seus filhos, imaginar os dele. E quando escolher uma imagem para seu slide da história, escolha uma sem descrição que dê espaço para seu público criar.

A boa notícia é que o storytelling e os slides jogam bem juntos. A combinação satisfaz quem aprende visual e oralmente, desde que você se dê a dica de contar a história e realmente contar com suas palavras, em vez de deixar que as imagens o façam por você. Ninguém gosta de assistir alguém passar fotos das férias da família. Não gostam disso em sua apresentação também.

A Prática Leva à Perfeição

Em 2008, fui escolhida para uma oportunidade única para falar no maior palco tradicional de storytelling que há: o National Storytelling Festival anual em Jonesborough, Tennessee.

Para contadores de história tradicionais, é o Super Bowl da história. Se eu arrasasse, teria a garantia de infinitos palcos nos quais contar minhas histórias e a eterna glória do storytelling. Se me saísse mal, seria esquecida para sempre. Não havia segundas chances. Eu tinha oito minutos de tudo ou nada para lançar minha carreira de storytelling.

Comecei a praticar imediatamente. Praticava diariamente. Cada palavra. Acordava pensando na minha história. Contava para meu retrovisor enquanto dirigia. Contava no chuveiro. Ia dormir todas as noites ouvindo minha própria voz na cabeça contando minha história vezes sem conta.

Quando chegou o dia, a prática valeu a pena: minha história saiu impecavelmente. Não me esqueci de nenhuma palavra. Não houve "hums" nem "hãns". Sem gaguejar, nem balbuciar. Me agradeceram e saí do palco.

Então fui para casa, sabendo que tinha estragado minha oportunidade.

Minha grande oportunidade com o storytelling no Tennessee era um exemplo perfeito de como podemos sabotar nossa habilidade natural. Perdi naquele dia, não porque não pratiquei o suficiente ou porque cometi muitos erros. Perdi porque havia praticado muito.

Tinha sido pega pelo mito do discurso perfeito. Que, quando falamos de contar histórias, a prática leva à perfeição. Mas, agora, quero que você, como a Cachinhos Dourados e os três ursos, domine o equilíbrio entre estar bem preparado (porque improvisar sem se preparar é quase sempre um desastre) e ter ensaiado tanto que suas histórias ficam corretas. Como chegamos no lugar certo?

A chave é focar sua mensagem, não as palavras. Pense mais na mensagem que está passando com sua história e menos nas palavras exatas que usa. Sim, você deve praticar. Você tem que praticar. Mas praticar até estar preparado, não perfeito. Dê espaço para a espontaneidade. Para a reação do público. Livre-se da perfeição e deixe vir de você.

Até o momento em que escrevo este livro, não fui ainda convidada para voltar a falar no National Storytelling Festival, mas espero que esse dia chegue.

Conte Histórias para Ser Bem-sucedido

Independentemente de onde está e para aonde vai, se quer subir de posição ou garantir o primeiro lugar, você provavelmente encontrará formatos variáveis do processo de entrevista. Você enfrentará a terrível tarefa de ter que comunicar a essência de quem é, o valor que traz para um público que é obrigado a ser cético. Como responder às perguntas? Contando histórias.

Há muitos anos, fiquei sabendo de um jovem que estava familiarizado e seguia casualmente o meu trabalho com storytelling. Matt era piloto de caça e, quando me procurou, estava na transição de pilotar para militares para pilotar para uma companhia aérea. Ele estava no meio do processo da entrevista.

Eu não sabia na época, mas o processo era muito difícil. Os cargos de piloto são muito cobiçados e altamente competitivos. Geralmente, há só uma vaga e uma longa lista de concorrentes qualificados. Para subir ao topo, Matt estava muito ciente que tinha que se destacar como os outros sósias do Tom Cruise não se destacavam.

Como é de se esperar, havia muitos elementos no processo de contratação. E um deles era uma entrevista feroz. Ele decidiu que a história seria sua estratégia.

"Conte-nos um pouco sobre você". Em vez de divagar, Matt já tinha uma história pronta que ilustrava as habilidades, paixões e caráter dele.

"Conte-nos sobre uma situação estressante e como você respondeu a ela". Matt tinha uma história.

"Quais são, em sua opinião, as habilidades de liderança mais importantes"? Matt tinha uma história.

Para cada pergunta, ele tinha uma história pronta para que ele fosse memorável, para se conectar com sua audiência bem crítica e para se elevar em relação ao resto dos competidores.

A entrevista ocorreu pela manhã. Quando terminou, Matt fez um teste e se preparou para o doloroso jogo de espera que durou até as 3h da tarde. Antes do final do dia, Matt recebeu uma oferta de um cargo com a companhia área em que todo piloto gostaria de trabalhar. Ele me enviou uma mensagem naquela noite dizendo que tinha usado algumas estratégias de storytelling e conseguido o trabalho dos sonhos.

Aquele foi um lembrete importante para mim que agora passo para você: nunca subestime o poder de sua história sobre a competição. Quando os riscos são maiores, venha preparado para contar histórias e veja os resultados que seguem.

Conte a História que Parece a Certa Para Você

Há alguns anos, trabalhei com uma jovem empresa chamada Soul Carrier que produzia bolsas de mão exclusivas para mulheres. Na época, a Soul Carrier usava um vídeo para contar sua história e, embora fosse bem produzido, cometia um erro clássico: não era realmente uma história.

Trabalhei com a Soul Carrier para refazer o vídeo — para contar a história de uma jovem que perdera os pais e, por um tempo, o rumo. É uma história fundadora poderosa que toca em perda, encontrar o caminho e redenção. É tocante, dura e autêntica. E, é claro, é uma história.

É uma história extrema. E geralmente uso o exemplo da Soul Carrier em minhas palestras para ilustrar, sem dúvidas, o impacto que contar uma história pode causar. Embora essa seja a lição principal, a secundária também está em jogo.

Quando falamos de contar histórias, conte apenas as que você fica confortável.

Fui confrontada com essa lição em um evento recente quando uma mulher se aproximou de mim no refeitório, depois da minha palestra. Ela era a presidente de um sistema escolar extremamente bem-sucedido nacionalmente. Como parte de seu papel, ela frequentemente falava com públicos sobre sua escola e os métodos, valores e seu impacto. Ela me abordou com uma preocupação, que a história da Soul Carrier parecia muito pessoal e um pouco exploradora.

Ela me explicou que tinha centenas de histórias de alunos que vinham de famílias desajustadas e ambientes desafiadores que tinham melhorado. Mas ela não queria contar essas histórias. Ela sentia que eram confidenciais e também que usá-las seria errado.

Senti em seu tom que ela estava em um conflito com relação a isso. As pessoas provavelmente haviam dito que ela devia contar essas histórias. Afinal, eram o tipo de histórias que as pessoas realmente querem ouvir. Empreendedores também têm dificuldades com isso. Talvez tenham enfrentado adversidades extremas em suas vidas e tenham conseguido dar a volta por cima. Mas, independentemente de quão boa é a história, às vezes ela não se conecta com a mensagem ou, em outros casos, você simplesmente não quer que o mundo a conheça.

Nesse caso, aconselho que não contem.

"Não conte essas histórias", foi exatamente o que falei à educadora no refeitório enquanto colocava um segundo taco de frango no prato.

Ele me olhou, um pouco surpresa.

"Apenas conte as histórias que pareçam certas e prontas para serem contadas."

É claro, isso não a impedia de contar as histórias. Falei para ela contar sobre professores comprometidos com os alunos. As histórias dos professores encaixariam melhor em sua mensagem. O público era basicamente de educadores e sua mensagem é sempre sobre modelos inovadores e ferramentas de ensino que suas escolas usam e obtêm ótimos resultados.

Há certa pressão que vem de saber que deveria estar contando histórias. E há uma concepção comum errada de que, se você tem histórias dramáticas ou dolorosas à sua disposição, deve contá-las. Mas, como aprendemos nos dois últimos capítulos, usar a história certa é tão importante quanto usar qualquer história. Além disso, e talvez o mais importante, suas histórias são suas. Apenas você pode escolher quais contar. Espero que escolha as que pareçam corretas para você. Use a oportunidade e a conte.

Não Se Intrometa no Caminho

Aí vai uma última verdade surpreendente sobre o storytelling. Se olhar para os momentos em que tudo ia bem, geralmente você estava contando histórias. Quando estava mais feliz. Quando se sentia o(a) melhor. Quando estava arrasando, fechando a venda, conquistando a garota/garoto, conseguindo o trabalho, provavelmente estava contando uma história.

Quando tem uma ótima história para contar, a contação se torna uma reflexão *a posteriori*. Quando tem uma história real para contar, a contação é tão natural quanto andar. Todos os medos relacionados ao storytelling existem porque não nos ensinam, ou não nos permitem, usar nossa habilidade e estilo natural para contar histórias. Não somos encorajados a contar histórias. Mas somos encorajados a escrever relatórios, investigar fatos, mostrar nosso trabalho, acertar o formato e falar sem balbuciar.

Escolha a história certa e a contação será natural. Quantas vezes você estava bebendo vinho com um amigo e contou uma história? Uma história aconchegante sobre sua infância? Uma história de cortar o coração sobre relacionamentos? Não há dúvidas de que contou essa história com a eloquência de um profissional. Porque é isso que você é! O storytelling é uma habilidade natural dos humanos. Você só precisa parar de se impedir. Quase todos os problemas no storytelling não ocorrem tanto com as histórias, mas com o contador que se intromete no caminho da história. Encontre uma história real que reflita quem você é e ela praticamente se contará sozinha.

Conclusão

Felizes Para Sempre É
Só o Começo

Ótimas histórias acontecem com quem as conta.
—Ira Glass

Quando meu filho tinha cerca de dois anos e meio, ele não ligava muito para caminhões, mas toda noite antes de dormir ele exigia que lêssemos *Goodnight, Goodnight Construction Site* [*Boa Noite, Boa Noite, Obra*, em tradução livre], um livro de poesia para crianças que não demora mais de meia hora para ler.

Durante meses, centenas de noites seguidas, meu querido filho sentava de pijama no meu colo enquanto eu tentava encontrar maneiras de abreviar a história sem ele perceber.

Mas as crianças sempre percebem.

Conclusão

Finalmente, uma noite eu simplesmente não aguentava mais. Quando ele subiu no meu colo segurando *Goodnight, Goodnight Construction Site*, implorei.

"Por favor, *por favor* podemos ler um livro diferente"?

"Quero *Construction Site*", ele respondeu.

Diabos de ditadorzinho, pensei. "E o livro dos patinhos ou *Goodnight Moon* [*Boa Noite Lua*, em tradução livre]"?

"*Construction Site*".

Claramente não havia negociação.

Pouco antes de eu fazer birra como uma criança de dois anos e meio, tive uma ideia.

"E se eu contasse uma história?"

Nunca tinha tentado isso, mas, afinal, eu era profissional.

"*Construction Site*."

"E se eu contasse uma história sobre quando a mamãe era uma garotinha..."

O reizinho mandão hesitou. Aproveitei a oportunidade.

"Toda noite, quando a mamãe era uma garotinha e era verão, ela deitava na cama até que o sol fosse dormir e o céu estivesse escuro. Então ela saía escondida da cama, andava nas pontas dos pés até a porta e ia para fora. A mamãe morava bem no interior, onde havia árvores pra todo lado, grama baixa, grama alta e o céu era muito grande e azul escuro. Quando ela olhava para o céu, podia ver milhões e bilhões de estrelinhas brilhando. Mas o que a mamãe mais gostava das noites de verão era andar na rua com aquele ventinho quente e úmido na grama gelada e úmida, e ao seu redor, na escuridão, dançavam centenas de luzinhas verdes piscando... Vagalumes!"

Contei para meu filho como eu brincava com os vagalumes. Como os pegava em minhas mãos e eles subiam no meu cabelo. E então dava boa noite para os vagalumes e dizia que os veria amanhã e voltava para meu quarto nas pontas dos pés e dormia.

Conclusão

A história não tinha um enredo complicado, nem *tinha* enredo. Não era longa e não precisava de nada além da minha imaginação. Simplesmente contei uma das minhas memórias favoritas da infância.

A história funcionou. Meu filho ficou quietinho, em silêncio. Ele mal respirava. Em retrospecto, ele me lembrou muito como seu pai ficou naquela loja Eslovena há alguns anos. Totalmente cativado pela primeira vez em seus dois anos e meio. Quando a história acabou, ele me pediu para contar de novo. E de novo.

"Conta sobre os vagalumes, mamãe".

Desde então, não falamos mais sobre obras.

Agora, a única coisa que satisfaz essa criança é uma história. Minhas histórias. As histórias do pai dele. As histórias dos avós. Se eu não entendesse do assunto, poderia me culpar por criar um monstro — um monstro com um apetite insaciável. Mas vá em frente, tente alimentá-lo com peixinho dourado ou maçã. Ele apenas jogaria em você. Ele quer histórias.

Claro, sei que não é minha culpa, e, só para deixar claro, ele não é um monstro. O que, acho, é a questão. Meu filho quer ouvir histórias porque é humano. E, embora ele não tenha mais dois anos (e gosta de dizer que está quase mais alto do que eu), ele ainda quer histórias. Ele pede histórias sobre quando meu marido se machucou na infância. Ele pede histórias sobre o que eu mais gostava de fazer quando era criança.

Uma vez, quando a primeira farpa entrou em seu dedo, mas ele se recusava a me deixar tirar, ele ficou desesperado para saber o que ia acontecer em seguida. Então ele me perguntou com uma voz abalada enquanto eu o levava para a escola: "Mamãe, você tem uma história sobre quando entrou uma farpa na sua mão"? Infelizmente, não tinha ou pelo menos não me lembrava de nenhuma. Desapontado, entrou na sala de aula com a farpa ainda na mão. Liguei para Michael.

"Nosso menino pediu uma história sobre farpas e eu não tinha nenhuma! Maior fracasso parental."

Conclusão

"Ah!", Michael respondeu, "eu tenho uma". Michael navegava quando era criança. "Eu sempre enfiava farpas nos pés quando subia e descia das docas descalço! Vou contar essa história para ele quando chegar em casa".

Tirando o fato de que essa troca confirmava que fomos feitos para ficar juntos, ainda que Michael não goste muito de fazer compras, também foi um lembrete importante de que nossas vidas são feitas de histórias. Uma narrativa da vida real que estamos construindo dia a dia, peça a peça em um esforço de ver sentido no mundo, encontrar nosso lugar e talvez alguma felicidade no caminho.

Meu filho pedia histórias como forma de dar sentido às coisas que aconteceram ou podiam acontecer com ele. Não é só algo que fazemos ou queremos. As histórias são os que nós somos.

Lembre-se que, quando falamos de storytelling nos negócios, você não está reinventando a roda; você está saboreando a corrente de histórias que corre em nossas cabeças e nossas vidas o tempo todo. E vale a pena saborear essa corrente — nos negócios e mais além.

Na verdade, um estudo de 2016 feito por alguns pesquisadores da University of North Carolina na Chapel Hill e SUNY Buffalo descobriu que as pessoas que são boas no storytelling também são mais atraentes. Resultados desse estudo especificamente concluíram que as mulheres acham que os homens que são bons no storytelling são mais atraentes e melhores parceiros de longo prazo. Os pesquisadores depreenderam que era porque "a habilidade de storytelling reflete a habilidade de um homem de conseguir recursos. Bons contadores de história são mais propensos a influenciar outras pessoas ou ganhar posições de autoridade na sociedade".[1]

Seja em casa com sua família, tentando conseguir um parceiro ou crescendo em sua carreira é com história que dará certo.

Afinal de contas, os contadores de história são contratados. Vencem o contrato. Fazem a venda. Conquistam o menino. Conquistam a menina.

Os contadores sobrevivem ao massacre. Instauram processos. Conseguem atenção. São elogiados. Comovem.

Os contadores de história eliminam os vãos.

Torne-se um contador e eliminará a distância entre o que tem e o que quer. Você encolhe o espaço entre onde está e onde quer estar nos negócios e na vida.

Era Uma Vez...

À medida que nosso tempo juntos está chegando ao fim e você está se preparando para eliminar os vãos, então permita-me deixar uma frase com a qual muitas histórias começam desde o começo dos tempos. Pode ser que você argumente que essas são algumas das melhores histórias. Mas as histórias que começam com "Era uma vez" frequentemente são contos de fadas. Não são reais e certamente não são sobre negócios.

Mas, era uma vez, algo aconteceu. Aconteceu com você. Talvez com seu parceiro. Aconteceu com seus empregados. Seus vendedores. E aconteceu com seus clientes.

Era uma vez, um esforço fracassado de marketing que o deixou sem dinheiro, então...

Era uma vez, você ficou completamente sem dinheiro, então...

Era uma vez, um frete importante ficou preso na alfândega, então...

Era uma vez, você sonhou um sonho sobre estar nos negócios, então...

"Era uma vez" não serve apenas para contos de fadas. Porque era uma vez é na verdade um começo.

É a coisa mais importante que todas as histórias têm, tanto as reais quanto as fictícias. Toda história precisa começar em algum lugar. Precisa de um começo. Mas o desafio com os começos é que às vezes parecem finais. Há um fracasso... fim. A ideia está sem graça... fim. Não há mais liberdade do que reconhecer um começo disfarçado de final.

Conclusão

Sei que o storytelling pode ser aterrorizador. Às vezes, não temos nenhuma ideia. Outras vezes, temos tantas que o paradoxo da escolha nos congela. É fácil ficar intimidado pela página em branco ou pelo auditório cheio. Há dias em que até mesmo os melhores contadores de história congelam. Mas o jeito de ir em frente é sempre o mesmo. O jeito de seguir em frente é simplesmente começar.

"Era uma vez" pode parecer um lugar estranho para terminar a jornada. Mas acho que se encaixa. Afinal, o final dessa história, deste livro, é na verdade o começo para você.

Era uma vez, eu li um livro sobre storytelling nos negócios e então...

Apêndice

A Folha de Cola da História

	História do Valor	História Fundadora	História do Propósito	História do Consumidor
Propósito	Vendas e marketing mais eficazes	Mais confiança em investidores, parceiros e empregados	Equipe, organização, alinhamento	Vendas e marketing fomentando a excelência
Público Primário	Prospecto/ consumidor	Colaboradores	Empregados, equipes	Prospecto/ consumidor
Quem deve contá-la	Profissionais de marketing e vendedores	Empresários	Líderes, executivos e gerentes	Consumidores e empresas

Notas

Introdução

1. "History," Eight & Bob, https://eightandbob.com/us/history. Acesso em 05/02/2019.

Capítulo 1: As Lacunas nos Negócios e as Soluções que as Resolvem (e Não Resolvem)

1. "Building Powerful Brands / Brand Revitalisation: Extra Gum—Give Extra, Get Extra," The Marketing Society, https://www.marketingsociety.com/sites/default/files/thelibrary/Give%20extra_Redacted.pdf. Acesso em 18/03/2019.
2. Magnus Pagendarm e Heike Schaumburg, "Why Are Users Banner-Blind? The Impact of Navigation Style on the Perception of Web Banners," *Journal of Digital Information* 2, no. 1 (2001), https://journals.tdl.org/jodi/index.php/jodi/article/view/36/38.
3. "Online Consumers Fed Up with Irrelevant Content on Favorite Websites, According to Janrain Study," Janrain, 31 jul, 2013, https://www.janrain.com/company/newsroom/press-releases/online-consumers-fed-irrelevant-content-favorite-websites-according.
4. Melanie C. Green e Timothy C. Brock, "The Role of Transportation in the Persuasiveness of Public Narratives," *Journal of Personality and Social Psychology* 79, no. 5 (2000): 701–21, http://dx.doi.org/10.1037/0022-3514.79.5.701.
5. T. Van Laer et al., "The Extended Transportation-Imagery Model: A Meta-Analysis of the Antecedents and Consequences of Consumers' Narrative Transportation," *Journal of Consumer Research* 40, no. 5 (fev 2014): 797–817, https://doi.org/10.1086/673383.

6. Jillian Berman, "There's Something About Breath Mints and Sharing," *The Wall Street Journal*, 11 set, 2017, https://www.wsj.com/articles/theres-something-about-breath-mints-and-sharing-1505135794.
7. "Building Powerful Brands," The Marketing Society.
8. "Building Powerful Brands," The Marketing Society.

Capítulo 2: Era Uma Vez O Cérebro

1. Paul J. Zak, "Why We Cry at Movies," *Psychology Today*, 3 fev, 2009, https://www.psychologytoday.com/blog/the-moral-molecule/200902/why-we-cry-movies.
2. Paul J. Zak, "Why Inspiring Stories Make Us React: The Neuroscience of Narrative," *Cerebrum* (jan-fev 2015): 2, https://www.ncbi.nlm.nih.gov/pmc/articles/PMC4445577/.
3. Zak, "Why Inspiring Stories Make Us React."
4. Zak, "Why Inspiring Stories Make Us React."
5. See Ushma Patel, "Hasson Brings Real Life into the Lab to Examine Cognitive Processing," *Princeton University News*, 5 dez, 2011, https://www.princeton.edu/main/news/archive/S32/27/76E76/index.xml.
6. Zak, "Why Inspiring Stories Make Us React."
7. Zak, "Why Inspiring Stories Make Us React."
8. Zak, "Why Inspiring Stories Make Us React."

Capítulo 3: O Que Faz Com Que Uma História Seja Ótima

1. Chris Chase, "Seattle's Super Bowl Win Made Gambling History," *USA Today*, 4 fev, 2014, http://ftw.usatoday.com/2014/02/seattle-seahawks-super-bowl-prop-bets-odds.
2. Suzanne Vranica, "Higher Prices Don't Keep Marketers Away from Ad Time for Super Bowl," *The Wall Street Journal*, 3 jan, 2012, https://www.wsj.com/articles/SB10001424052970203899504577130940265401370.
3. Sherwood Forest, "Budweiser Super Bowl XLVIII Commercial—'Puppy Love,'" YouTube vídeo, 1:00, 31 jan, 2014, https://www.youtube.com/watch?v=Zsj9AiK76Z4.
4. See Jill Rosen, "Super Bowl Ads: Stories Beat Sex and Humor, Johns Hopkins Researcher Finds," Hub, Johns Hopkins University, 31 jan, 2014, http://hub.jhu.edu/2014/01/31/super-bowl-ads/.

5. Yuval Noah Harari, *Sapiens: A Brief History of Humankind* (Nova York: Harper, 2015), 31.
6. "Why Choose hydraSense®," hydraSense Nasal Care, https://www.hydrasense.com/why/naturally-sourced-seawater. Acesso em 05/02/2019.
7. Alli McKee, "[Your Company] in 100 Words," Medium, 1 nov, 2017, https://medium.com/show-and-sell/your-company-in-100-words-e7558b0b1077.
8. Marketwired, "Tivo's Top 10 Commercials From 50 Years of the Biggest Game of the Year," Yahoo! Finance, 11 jan, 2016, https://finance.yahoo.com/news/tivos-top-10-commercials-50-110000503.html.
9. "Super Bowl 2014 Ads: Facts and Figures (Updated)," Marketing Charts, 6 fev, 2014, http://www.marketingcharts.com/traditional/super-bowl-2014-ads-facts-and-figures-39421/.
10. Keith A. Quesenberry, "William Shakespeare Holds the Key to a Great Super Bowl Ad," *Time*, 1 fev, 2016, http://time.com/4200086/best-super-bowl-ads/.
11. NPR, "Code Switch: An Advertising Revolution," Stitcher, 5 set, 2017, https://www.stitcher.com/podcast/national-public-radio/code-switch/e/51357262?autoplay=true.

Capítulo 4: A História de Valor

1. Daniel Kahneman, *Thinking, Fast and Slow* (Nova York: Farrar, Straus and Giroux, 2011), 20.
2. Kahneman, 20.
3. Kahneman, 62.
4. Amy Wolf, "For a Winning Ad at the Super Bowl: Less Shock and More Sophisticated Storyline," Vanderbilt News, 30 jan, 2012, https://news.vanderbilt.edu/2012/01/30/winning-super-bowl-ads-needs-sophistication/.
5. Philip Elmer-Dewitt, "Why 'Misunderstood' Won an Emmy for Apple," *Fortune*, 18 ago, 2014, http://fortune.com/2014/08/18/why-misunderstood-won-an-emmy-for-apple/.
6. Elmer-Dewitt, "Why 'Misunderstood' Won an Emmy for Apple."

Capítulo 5: A História Fundadora

1. Biz Carson, "How 3 Guys Turned Renting an Air Mattress in Their Apartment into a $25 Billion Company," *Business Insider*, 23 fev, 2016, https://www.businessinsider.com/how-airbnb-was-founded-a-visual-history-2016-2.

Notas

2. Michael Carney, "Brian Chesky: I Live on Cap'n McCain's and Obama O's Got AirBnB Out of Debt," Pando, 10 jan, 2013, https://pando.com/2013/01/10/brian-chesky-i-lived-on-capn-mccains-and-obama-os-got-airbnb-out-of-debt/.

3. Carolyn Said, "Airbnb's Swank Digs Reflect Growth, But Controversy Grows," *SF Gate*, 27 jan, 2014, https://www.sfgate.com/bayarea/article/Airbnb-s-swank-digs-reflect-growth-but-5175734.php.

4. Max Chafkin, "Can Airbnb Unite the World?" *Fast Company*, 12 jan, 2016, https://www.fastcompany.com/3054873/can-airbnb-unite-the-world.

5. Said, "Airbnb's Swank Digs Reflect Growth."

6. Nat Levy, "Live Blog: Andreessen Horwitz Partner Jeff Jordan at the GeekWire Summit 2016," GeekWire, 4 out, 2016, http://www.geekwire.com/2016/live-blog-andreessen-horowitz-partner-jeff-jordan-geekwire-summit-2016/.

7. Avery Hartmans, "This Is the One Quality Every Startup Founder Needs," *Business Insider*, 25 set, 2016, http://www.businessinsider.com/jeff-jordan-andreessen-horowitz-startup-founders-2016-9.

8. Airbnb, "Funding Rounds," Crunchbase, https://www.crunchbase.com/organization/airbnb/funding_rounds/funding_rounds_list#section-funding-rounds.

9. *2017 Kaufman Index of Startup Activity*, Ewing Marion Kauffman Foundation, maio 2017, http://www.kauffman.org/kauffman-index/reporting/~/media/c9831094536646528ab012dcbd1f83be.ashx.

10. QuickBooks, "Did You Know? Most Small Businesses Start With $10,000 or Less," Intuit QuickBooks, https://quickbooks.intuit.com/r/trends-stats/know-small-businesses-start-10000-less/. Acesso em 18/03/2019.

11. Greg McKeown, "If I Read One More Platitude-Filled Mission Statement, I'll Scream," *Harvard Business Review*, 4 out, 2012, https://hbr.org/2012/10/if-i-read-one-more-platitude-filled-mission-statement.

12. Veja "Number of U.S. Financial Advisers Fell for Fifth Straight Year—Report," Reuters, 11 fev, 2015, https://www.reuters.com/article/wealth-cerulli-advisor-headcount/number-of-u-s-financial-advisers-fell-for-fifth-straight-year-report-idUSL1N0VL23920150211.

Capítulo 6: A História do Propósito

1. Paul J. Zak, "Why Your Brain Loves Good Storytelling," *Harvard Business Review*, 28 out, 2014, https://hbr.org/2014/10/why-your-brain-loves-good-storytelling.
2. Simon Caulkin, "Companies with a Purpose Beyond Profit Tend to Make More Money," *Financial Times*, 24 jan, 2016, https://www.ft.com/content/b22933e0-b618-11e5-b147-e5e5bba42e51.
3. Rachel Tesler et al., "Mirror, Mirror: Guided Storytelling and Team Reflexivity's Influence on Team Mental Models," *Small Group Research* 49, no. 3 (2018): 267–305, https://journals.sagepub.com/doi/abs/10.1177/1046496417722025.
4. Tesler et al., "Mirror, Mirror."
5. Tesler et al., "Mirror, Mirror."
6. Quoted in David K. Williams, "The Best Leaders Are Vulnerable," *Forbes*, 18 jul, 2013, https://www.forbes.com/sites/davidkwilliams/2013/07/18/the-best-leaders-are-vulnerable/#442fcf5e3c1d.
7. Williams, "The Best Leaders Are Vulnerable."
8. Williams, "The Best Leaders Are Vulnerable."
9. Robyn Fivush, Marshall Duke, and Jennifer G. Bohanek, "'Do You Know...' The Power of Family History in Adolescent Identity and Well-Being," *Journal of Family Life*, 23 fev, 2010, disponível em https://ncph.org/wp-content/uploads/2013/12/The-power-of-family-history-in-adolescent-identity.pdf.

Capítulo 7: A História do Consumidor

1. "Local Consumer Review Survey 2018," BrightLocal, https://www.brightlocal.com/learn/local-consumer-review-survey. Acesso em 18/03/2019.
2. Aaron Smith and Monica Anderson, "Online Shopping and E-Commerce: Online Reviews," Pew Research Center, 19 dez, 2016, http://www.pewinternet.org/2016/12/19/online-reviews/.
3. "Women's Deodorant: Reviews," Native, https://www.nativecos.com/products/travel-deo-pack-womens-winter2018#reviews. Acesso em 05/02/2019.
4. "Women's Deodorant: Reviews," Native.
5. Fay Schopen, "Outrage over McDonald's Twee 'Child Grief' Advert Is Plain Ridiculous," *The Guardian*, 17 mai, 2017, https://www.theguardian.com/commentisfree/2017/may/17/mcdonalds-child-grief-advert-bereavement.

Capítulo 10: Contando Sua História

1. Khadeeja Safdar, "Now for Sale: The Empty Space Inside Retailers' Packages," *The Wall Street Journal*, 22 jul, 2018, https://www.wsj.com/articles/now-for-sale-the-empty-space-inside-retailers-packages-1532264400?mod=searchresults&page=1&pos=1.
2. Adaptly, with Refinery29 and Facebook, *The Science of Advertising: A Research Study on Sequenced for Call to Action vs. Sustained Call to Action*, Adaptly, https://s3.amazonaws.com/sales.adaptly.com/The+Science+of+Social+Media+Advertising.pdf, acesso em 18 mar, 2019.

Conclusão

1. John K. Donahue and Melanie C. Green, "A Good Story: Men's Storytelling Ability Affects Their Attractiveness and Perceived Status," *Personal Relationships*, 9 mar, 2016, https://onlinelibrary.wiley.com/doi/full/10.1111/pere.12120.

CONHEÇA OUTROS LIVROS DA ALTA BOOKS

Todas as imagens são meramente ilustrativas.

+ CATEGORIAS
Negócios - Nacionais - Comunicação - Guias de Viagem - Interesse Geral - Informática - Idiomas

SEJA AUTOR DA ALTA BOOKS!

Envie a sua proposta para: autoria@altabooks.com.br

Visite também nosso site e nossas redes sociais para conhecer lançamentos e futuras publicações!

www.altabooks.com.br

ALTA BOOKS
EDITORA

© /altabooks ▪ f /altabooks ▪ 🐦 /alta_books